Public Health

Kompaktreihe Gesundheitswissenschaften
Public Health
Lotte Habermann-Horstmeier

Lotte Habermann-Horstmeier

Kompaktreihe Gesundheitswissenschaften

Public Health

Kompakte Einführung und Prüfungsvorbereitung
für alle Studienfächer im Gesundheitsbereich

hogrefe

Korrespondenzadresse der Autorin:
Dr. med. Lotte Habermann-Horstmeier, MPH
Leiterin des Villingen Institute of Public Health (VIPH)
der Steinbeis-Hochschule Berlin
Klosterring 5
D-78050 Villingen-Schwenningen
E-Mail: Habermann-Horstmeier@studium-public-health.de
Internet: www.studium-public-health.de

Bibliografische Information der Deutschen Nationalbibliothek
Die Deutsche Nationalbibliothek verzeichnet diese Publikation in der Deutschen Nationalbibliografie; detaillierte bibliografische Daten sind im Internet über http://www.dnb.de abrufbar.

Anregungen und Zuschriften bitte an:
Hogrefe AG
Lektorat Gesundheit
Länggass-Strasse 76
3000 Bern 9
Schweiz
Tel: +41 31 300 45 00
E-Mail: verlag@hogrefe.ch
Internet: http://www.hogrefe.ch

Lektorat: Susanne Ristea
Bearbeitung: Elisabeth Dominik, Allendorf
Herstellung: René Tschirren
Umschlag: Claude Borer, Riehen
Satz: Claudia Wild, Konstanz
Druck und buchbinderische Verarbeitung: Finidr s. r. o., Český Těšín
Printed in Czech Republic

1. Auflage 2017

(E-Book-ISBN_PDF 978-3-456-95706-7)
(E-Book-ISBN_EPUB 978-3-456-75706-3)
ISBN 978-3-456-85706-0
http://doi.org/10.1024/85706-000

Inhalt

Mein besonderer Dank gilt Frau *Susanne Ristea*, Programmleiterin Psychiatrie, Gesundheitswesen und Medizin bei der Hogrefe AG, die diese Buchreihe möglich gemacht und die Arbeit an dem vorliegenden ersten Band durch zahlreiche wertvolle Hinweise und Anregungen unterstützt hat.

Vorwort

Der vorliegende Band Public Health ist der erste Band einer neuen Reihe, die sich unter dem Titel Kompaktreihe Gesundheitswissenschaften an ein breites Publikum im deutschsprachigen Raum wendet. Die wissenschaftlich fundierten, aktuellen, leicht verständlichen und gut illustrierten Texte bieten jeweils einen ersten Einstieg in ein abgegrenztes Gesundheitsthema. Praxisbezogene Fragen zum Ende jedes Kapitels erlauben es, die Textinhalte mit der eigenen Erfahrungswelt zu verknüpfen. Um diesen Transfervorgang zu unterstützen, finden sich am Ende des Buches ausführliche Lösungsvorschläge.

Die Grundlagentexte eignen sich zur Einführung in das jeweilige Thema, aber auch zum Repetieren oder zur Prüfungsvorbereitung. Hierbei unterstützen zum einen die praxisbezogenen Fragen, aber auch das umfangreiche Glossar und die zahlreichen Verweise auf aktuelle Literatur- und Internetquellen. Als Adressaten kommen nicht nur Studierende im Gesundheitsbereich an Universitäten und Fachhochschulen (z. B. in den verschiedensten Studiengängen von Public Health/Gesundheitswissenschaften, Medizin, Gesundheitsökonomie, Rehabilitation, Versorgungsforschung, Pflegewissenschaften etc.) in Frage, sondern auch andere Interessenten ohne spezielle Fachkenntnisse, die beispielsweise ein bestimmtes Gesundheitsthema in ihrem Betrieb, ihrer Einrichtungen oder Behörde voranbringen möchten.

Aus Gründen der besseren Lesbarkeit wird im Buch bei personenbezogenen Bezeichnungen die im Deutschen übliche, meist männliche Form verwendet. Selbstverständlich sind damit jeweils Frauen und Männer gleichermaßen gemeint. Dies gilt insbesondere, da im Bereich der Gesundheitsberufe überwiegend Frauen tätig sind.

Thema dieses ersten Bandes ist die Frage „Was ist das überhaupt: Public Health?". Der aus dem angelsächsischen Raum stammende Begriff ist vielen Menschen in Deutschland, Österreich und der Schweiz nicht geläufig. Aber auch mit dem in diesem Zusammenhang in Deutschland verwendete Begriff Gesundheitswissenschaften können nur wenige etwas anfangen. Dieses Buch möchte einen Beitrag dazu leisten, dies zu ändern. Es zeigt, welche Bedeutung die interdisziplinäre, praxisorientierte Wissenschaft Public Health für unsere Gesellschaft – und damit auch für unsere persönliche Gesundheit – hat. Zu Beginn geht der Band kurz auf die geschichtlichen Ursprünge von Public Health ein und stellt anschließend das interdisziplinäre Fach mit seinen wichtigsten Disziplinen vor. Nachdem erläutert wurde, womit sich Public Health beschäftigt, werden beispielhafte Programme auf nationaler und internationaler Ebene gezeigt. Ein kurzer

Überblick über die von Public Health verwendeten Methoden leitet dann über zu den aktuellen Entwicklungen und Herausforderungen, die in den nächsten Jahrzehnten im diesem Bereich auf uns warten.

Villingen Schwenningen, Oktober 2016 Lotte Habermann-Horstmeier

Grundlagen und Fragen

1 Einführung

Dieses Buch soll

- Sie mit dem Begriff **Public Health** vertraut machen,
- Ihnen einen ersten Überblick über die Herkunft des Begriffes Public Health sowie den Gegenstand, die Fachbereiche und Handlungsfelder von Public Health geben und Sie auf aktuelle Entwicklungen in diesem Fachgebiet hinweisen,
- es Ihnen ermöglichen, die hier gelernten Begriffe und Konzepte in Ihr eigenes berufliches Tätigkeitsfeld zu transferieren, um später dort darauf zurückgreifen zu können.

1.1 Was ist Public Health?

1.1.1 Definition von Public Health

Anders als die Medizin[1] beschäftigt sich Public Health mit der Erhaltung und Förderung der Gesundheit ganzer Bevölkerungen oder Gruppen der Bevölkerung (wie z.B. den Beschäftigten in einem Betrieb). Public-Health-Fachleute sehen also nicht nur den einzelnen Menschen, sondern auch die Umgebung, in der er sich befindet. Ihre Maßnahmen setzen daher in beiden Bereichen an.

In Deutschland wird seit den 1980er Jahren oftmals auch synonym für Public Health der Begriff **Gesundheitswissenschaften** verwendet. Beide Begriffe bezeichnen jedoch nicht exakt dasselbe. Gegenstand der Gesundheitswissenschaften sind die körperlichen, psychischen und sozialen Bedingungen von Gesundheit und Krankheit innerhalb einer Gesellschaft. Sozial- und geisteswissenschaftliche Fächer spielen hier eine besonders große Rolle (s. Kap. 2).

Im Bereich Public Health finden sehr verschiedene Fächer aus zwei unterschiedlichen wissenschaftlichen Traditionen zusammen: der medizinisch-naturwissenschaftlichen und der sozial- und verhaltenswissenschaftlichen Tradition. Public-Health-Studierende erhalten auf diese Weise Einblick in Bereiche wie Gesundheitsförderung und Prävention, Chronische Krankheiten, Epidemiologie, Umwelt & Gesundheit, Demografie, Gesundheitssysteme, Gesundheitspolitik, Gesundheitsrecht und Gesundheitsökonomie (s. Abbildung 1-1).

1 Hauptaufgabe der Medizin ist die Diagnostik und Therapie von Erkrankungen und Verletzungen beim einzelnen Menschen.

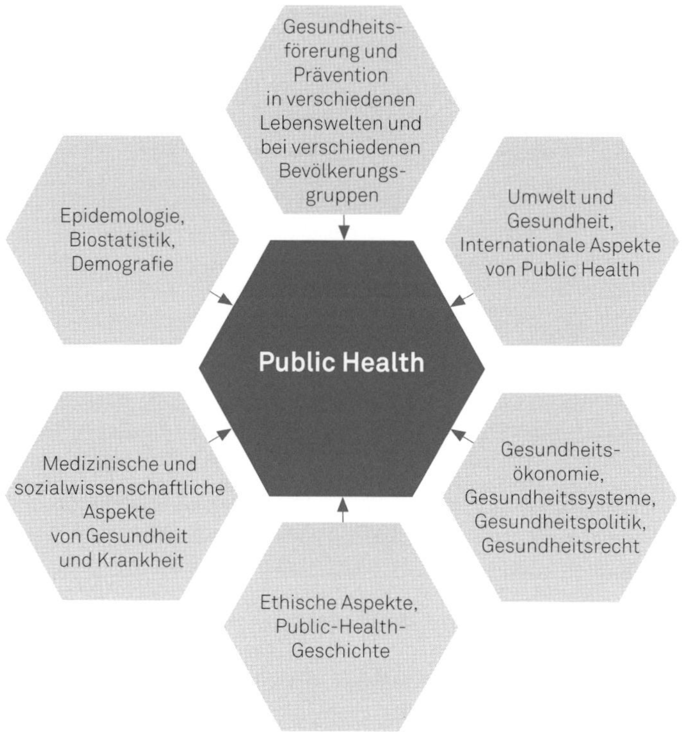

Abbildung 1-1: *Public Health* ist ein interdisziplinär[2] arbeitendes Fach. Es greift dazu auf die Erkenntnisse verschiedenster Disziplinen[2] zurück. In den blauen Sechsecken sind die wichtigsten Fachbereiche und Arbeitsgebiete von Public Health angeführt.

Im Bereich von Public Health arbeiten Fachleute verschiedener Disziplinen aktiv zusammen. Diese Zusammenarbeit ist stets anwendungsorientiert. Dabei können Public-Health-Maßnahmen – wie z. B. im Bereich der Betrieblichen Gesundheitsförderung – nur dann nachhaltig und Erfolg versprechend umgesetzt werden, wenn sie sich an den Bedürfnissen der Beteiligten orientieren und von Beginn an mit diesen geplant und durchgeführt werden.

Das Fach Public Health hat sehr unterschiedliche Wurzeln. Sie liegen in Deutschland insbesondere im Bereich der **Sozialhygiene** (s. Kap. 2.3). Diese ehemals starke Tradition fand während des Nationalsozialismus ein abruptes Ende. Vor allem im Westen Deutschlands konnten ihre Ideen dann auch später in der Nachkriegszeit lange Zeit nicht wieder Fuß fassen. Besonders stark ausgebildet sind die Wurzeln von Public Health dagegen in den angelsächsischen Ländern (Näheres dazu s. Kap. 2.2).

2 *Interdisziplinarität:* Interdisziplinär arbeitende Fächer nutzen gemeinsam die Denkweisen und Methoden von verschiedenen Fachrichtungen.

3 *Disziplin:* Einzelwissenschaft.

1.1.2 Public-Health-Definition von Winslow

Der amerikanische Bakteriologe und Public-Health-Experte *Charles-Edward Amory Winslow* (1877–1957) definierte den Begriff „Public Health" bereits in der ersten Hälfte des 20. Jahrhunderts folgendermaßen:

> „Public health is the science and art of preventing disease, prolonging life and promoting health through the organized efforts and informed choices of society, organizations, public and private, communities and individuals."

Er beschrieb Public Health darin als Wissenschaft und Praxis zur Verhinderung von Krankheiten, zur Verlängerung des Lebens und zur Förderung der Gesundheit. Seiner Ansicht nach wird dies durch die organisierten Bemühungen einer informierten Gesellschaft möglich, in der öffentliche und private Organisationen mit den Vertretern des Gemeinwesens (der Gemeinden, des Staat etc.) und Einzelpersonen zusammenarbeiten.

In dieser frühen Public-Health-Definition wird deutlich, dass Winslow Public Health als angewandte Wissenschaft sieht, in der die Umsetzung von wissenschaftlichen Erkenntnissen in die Praxis eine maßgebliche Rolle spielt. Zu den Zielen von Public Health gehörte seiner Ansicht nach nicht nur die Verhinderung von Krankheit, sondern auch die Förderung von Gesundheit. Weitere wichtige Stichworte, die sich hier bereits andeuten und die später auch in vielen Dokumenten der Weltgesundheitsorganisation (WHO) zu finden sind, sind z. B. das „koordinierte Zusammenwirken" und die „informierte Entscheidung" **(informed consent)**.

1.1.3 Public-Health-Definition der WHO

Liest man die Definition der Weltgesundheitsorganisation (WHO) zum Begriff Public Health, wird sofort der Einfluss deutlich, den die Winslow-Definition hierauf hatte:

WHO-Definition „Public Health"
Public health refers to all organized measures (whether public or private) to prevent disease, promote health, and prolong life among the population as a whole. Its activities aim to provide conditions in which people can be healthy and focus on entire populations, not on individual patients or diseases. Thus, public health is concerned with the total system and not only the eradication of a particular disease. The three main public health functions are:

> - The assessment and monitoring of the health of communities and populations at risk to identify health problems and priorities.
> - The formulation of public policies designed to solve identified local and national health problems and priorities.
> - To assure that all populations have access to appropriate and cost-effective care, including health promotion and disease prevention services.
>
> Quelle: s. Linkverzeichnis [1] in Kap. 11.

Nach der WHO-Definition versteht man unter Public Health also alle öffentlichen oder privaten Maßnahmen, die dazu dienen, Krankheiten vorzubeugen, die Gesundheit der gesamten Bevölkerung zu fördern und das Leben der Menschen zu verlängern. Public Health beschäftigt sich dabei nicht mit der Behandlung einzelner Patienten oder der Bekämpfung einzelner Erkrankungen. Ziel von Public-Health-Maßnahmen ist es, der Bevölkerung als Ganzes Bedingungen zu bieten, die es ihr erlaubt, möglichst gesund zu sein.

Die WHO-Definition nennt darüber hinaus die drei wichtigsten Aufgaben von Public Health:

1. Die Überwachung von Gemeinwesen (Kommunen, Länder, Staaten) und Risikogruppen im Hinblick auf dort auftretende Gesundheitsgefahren, die Erkennung dieser Gefahren und die Einordnung der Gefahren nach ihrer Wichtigkeit.
2. Die Formulierung gesundheitspolitischer Ziele und Handlungsanweisungen (Policies), um die auf diese Weise identifizierten, örtlich begrenzten oder nationalen Gesundheitsgefahren bekämpfen zu können.
3. Die Sicherstellung, dass alle Bevölkerungsgruppen eines Gemeinwesens Zugang zu geeigneter und kostengünstiger Versorgung haben. Dies schließt Maßnahmen der Gesundheitsförderung und Krankheitsprävention mit ein.

In der WHO-Definition finden sich damit verschiedene Aspekte, die für das Fach Public Health von zentraler Bedeutung sind:

- Public-Health-Maßnahmen sollen der **Gesunderhaltung** der Bevölkerung bzw. von Untergruppen (Subgruppen) der Bevölkerung dienen.
- Public Health befasst sich also nicht mit der Gesundheit einzelner Individuen, sondern mit der Gesundheit der **Bevölkerung als Ganzes** oder von **Teilen der Bevölkerung**.
- Public-Health-Maßnahmen werden im Rahmen von **organisiertem gesellschaftlichem Handeln** geplant und durchgeführt.

- Hierzu gehören auch systematische und kontinuierliche Überwachungsmaßnahmen (**Surveillance**[4]), um Gesundheitsgefahren frühzeitig zu erkennen.
- Alle Teile der Bevölkerung müssen gleichermaßen Zugang zu grundlegenden Versorgungsstrukturen haben, die es ihnen ermöglichen, möglichst gesund zu leben.

Damit Public-Health-Fachleute in der Praxis sinnvoll und zum Nutzen der Bevölkerung tätig sein können, benötigen sie wissenschaftliche Erkenntnisse aus vielen verschiedenen Fachgebieten. Sie müssen z.B. wissen, wie häufig bestimmte Erkrankungen auftreten und wie sie in der Bevölkerung eines Landes oder eines bestimmten Gebietes verteilt sind. Hierzu brauchen sie v.a. die Erkenntnisse aus der **Epidemiologie** und der **Medizin**.

Wichtig ist auch das Wissen über die Ursachen von Gesundheit und Krankheit und die Wirksamkeit von Maßnahmen, um Gesundheit zu fördern und Krankheiten vorzubeugen. Dieses Wissen haben u.a. Fachleute aus den Bereichen der **Sozial- und Präventivmedizin**, der **Gesundheitssoziologie**, der **Gesundheitspsychologie**.

Public-Health-Fachleute müssen darüber hinaus auch die Wirtschaftlichkeit von gesundheitsfördernden und präventiven Maßnahmen beurteilen können. Das nötige Wissen hierzu bietet die **Gesundheitsökonomie**.

Sie sollten auch Fachleute im Hinblick auf Fragen des Versorgungsbedarfs **(Versorgungsforschung)**, der möglichst optimalen Gestaltung des Gesundheitssystems **(Gesundheitssystemforschung, Gesundheitspolitik)** und der Verteilungsgerechtigkeit **(Public-Health-Ethik, Gesundheitspolitik)** sein.

Neben den genannten gibt es noch zahlreiche weitere Fächer, die zu den Grundlagen von Public Health beitragen (s. Kap. 3). Public-Health ist also ein **multidisziplinäres** Fach, d.h. viele verschiedene Disziplinen liefern unabhängig voneinander Erkenntnisse, die dann durch Public-Health-Fachleute genutzt werden. Im Idealfall entsteht daraus eine **integrative** Zusammenarbeit ganz unterschiedlicher Disziplinen mit einer **interdisziplinären** oder fächerübergreifenden Arbeitsweise.

Allerdings wird – v.a. in Deutschland – nicht immer deutlich, dass es sich bei einem bestimmten Thema um ein zentrales Public-Health-Thema handelt, da sich eben viele verschiedene Disziplinen damit beschäftigen können. Die **Deutsche Gesellschaft für Public Health** beschreibt dies in ihrem Positionspapier zu Situation und Perspektiven von Public Health (2012) so: „Nicht überall, wo Public Health drin ist, steht auch ‚Public Health' drauf."

---

4 *Surveillance:* systematische und kontinuierliche Überwachung von Erkrankungen bzw. Todesfällen in einem bestimmten Bereich; ist v.a. im Bereich der Infektionskrankheiten von Bedeutung.

Public Health ist also aufgrund seiner multi- bzw. interdisziplinären Arbeitsweise bisher in seiner Eigenständigkeit oft nur schwer erkennbar. Außerdem ist der aus dem Englischen stammende Begriff des „Public Health“ im deutschen Sprachraum bisher kaum bekannt (s. Kap. 2). Hier ergibt sich noch ein weites Betätigungsfeld für Public-Health-Fachleute, um das Fach mit seiner Bedeutung für die Gesundheit der Bevölkerung bekannt zu machen und seine Inhalte zu vermitteln. Dies wird wohl nur dann gelingen, wenn Public-Health dabei auch auf die Bedürfnisse der Individuen in einer Gesellschaft eingeht.

Aufgabe 1

1. Fassen Sie kurz zusammen, was Sie unter dem Begriff „Public Health“ verstehen. Erläutern Sie bitte dabei auch, ob und ggf. wie sich Ihr Verständnis von „Public Health“ durch die Lektüre von Kap. 1.1 geändert hat.
2. a) Wo finden Sie in Ihrem Arbeitsbereich, Studienbereich oder in Ihrem familiären Bereich Beispiele für Public-Health-Betätigungsfelder?
   b) Nennen Sie bitte drei konkrete Beispiele für Maßnahmen, die man entsprechend unserer Definition als Public-Health-Maßnahmen bezeichnen könnte. Falls Sie keine konkreten Maßnahmen finden, überlegen Sie sich bitte drei fiktive Maßnahmen, die in einem der drei Bereiche durchgeführt werden könnten.

2 Public Health oder Gesundheitswissenschaften?

2.1 Public Health im deutschen Sprachraum

Der Begriff der **„Gesundheitswissenschaften"** (engl.: *Health Sciences*) wurde zu Beginn der 1980er Jahre in Deutschland geprägt. Er wird häufig synonym zum Begriff „Public Health" verwendet, was jedoch nicht ganz korrekt ist. Beide Begriffe bezeichnen nicht exakt dasselbe. Gegenstand der Gesundheitswissenschaften sind die körperlichen, psychischen und sozialen Bedingungen von Gesundheit und Krankheit innerhalb einer Gesellschaft. Sozial- und geisteswissenschaftliche Fächer spielen daher bei den Gesundheitswissenschaften eine besonders große Rolle.

In Deutschland gibt es - anders als z. B. in der Schweiz - zahlreiche renommierte Vertreter in diesem Bereich, die sich für die Verwendung des Begriffs „Gesundheitswissenschaften" anstatt „Public Health" einsetzen. Hierzu gehören etwa *Klaus Hurrelmann* und *Oliver Razum* (im Handbuch der Gesundheitswissenschaften, 5. Aufl. 2012). Sie betonen dabei, dass es - ganz im Sinne von „Public Health" - auch bei den Gesundheitswissenschaften vor allem darum geht, die Gesundheit der Bevölkerung durch Krankheitsverhütung und Gesundheitsförderung zu verbessern.

Doch weshalb gibt es überhaupt diese beiden unterschiedlichen Begriffe für einen Wissenschaftsbereich? Der Begriff „Public Health" kommt aus dem englischen Sprachraum. Das Fach kann dort bereits auf eine mehr als 100-jährige Tradition zurück blicken (s. Kap. 2.2). Anders dagegen im deutschen Sprachraum. Hier wurde eine ähnliche Entwicklung, der Aufbau der „Sozialhygiene" (s. Kap. 2.3), abrupt durch den Nationalsozialismus unterbrochen. Nach dem zweiten Weltkrieg dauerte es bis in die 1980er Jahre, bis Wissenschaftler in der Bundesrepublik Deutschland versuchten, an diese alte Tradition anzuknüpfen und dabei auch neuere Erkenntnisse aus anderen Ländern zu berücksichtigen. Sie prägten dann den Begriff „Gesundheitswissenschaften". Ganz unterschiedlich verlief dagegen die Entwicklung in der DDR, in Österreich oder in der Schweiz.

2.2 Die angelsächsische Tradition

Anders als im deutschen Sprachraum, kann Public Health im angelsächsischen Sprachraum auf eine mehr als 100-jährige Tradition zurückblicken. Zu den weltweit führenden Public-Health-Forschungs- und Ausbildungszentren gehören

LONDON
SCHOOL of
HYGIENE
&TROPICAL
MEDICINE

Abbildung 2-1: Logo der London School of Hygiene & Tropical Medicine. Quelle: Mit freundlicher Genehmigung der *London School of Hygiene & Tropical Medicine* vom 07. April 2014.

heute etwa die *London School of Hygiene & Tropical Medicine* (s. Abbildung 2-1) und die *John Hopkins Bloomberg School of Public Health* in Baltimore (USA).

Die Entstehung von Public Health, so wie der Begriff im englischen Sprachraum heute verstanden wird, ist eng mit der prekären sozialen Lage der Arbeiterfamilien im industriellen England des 19. Jahrhunderts verbunden. In dieser Zeit entstanden soziale Reformbewegungen, die versuchten, die Situation der Arbeiter und ihrer Familien zu verbessern. Überlange Arbeitszeiten, Kinderarbeit, schwerste körperliche Arbeit, Arbeit und Leben unter Tage sowie furchtbare Wohnverhältnisse (s. Abbildung 2-2) führten dazu, dass immer wieder Epidemien wie die Londoner Choleraepidemien von 1832, 1849 und 1853/54 ausbrachen. Auch litt die Arbeiterschaft unter Tuberkulose und chronischen Krankheiten wie der Rachitis – letztere wurde daher in Deutschland auch als Englische Krankheit bezeichnet. Erste Public-Health-Bestrebungen im England des 19. Jahrhunderts

Abbildung 2-2: Die engen Wohnverhältnisse in einem „Lodging House" im London des 19. Jahrhunderts. Quelle: s. Linkverzeichnis [2] in Kap. 11.

zielten deshalb auf eine Verbesserung der sanitären Bedingungen in den Städten und der Verhältnisse an den Arbeitsplätzen. So förderte man mit dem **Public Health Act** von 1848 den Bau von Wasserleitungen und Kanalisationsanlagen. Darüber hinaus wurde die Kanalisation nun regelmäßig kontrolliert, die Straßen wurden gereinigt, das Betreiben von Schlachthöfen reglementiert und die ordnungsgemäße Versorgung der Bevölkerung mit Wasser sichergestellt. Man setzte also mit gesundheitspolitischen Maßnahmen an den Bedingungen an, in denen Menschen leben.

Später, gegen Ende des 19. Jahrhunderts, schickte man in Großbritannien dann v.a. Frauen als staatlich geprüfte „Women Sanitary Inspectors" in Schulen (s. Abbildung 2-3) und in die Häuser der ärmeren Bevölkerung, um dort die hygienischen Bedingungen zu überprüfen. Eine weitere Aufgabe dieser Frauen war es, Familien in gesundheitlicher Hinsicht zu schulen und junge Mütter in Säuglingspflege zu unterrichten.

Ähnliche Aufgaben übernahmen die „Public Health Nurses" gegen Ende des 19. Jahrhunderts in den USA. Sie überwachten öffentliche und kirchliche Schulen in gesundheitlicher Hinsicht, betreuten werdende Mütter vor der Geburt und unterrichteten in Säuglingspflege. Darüber hinaus kümmerten sie sich um Menschen mit übertragbaren Krankheiten – insbesondere um Personen, die an Tuberkulose erkrankt waren – und sorgten bei ihnen für bessere Lebensbedingungen (Abbildung 2-4).

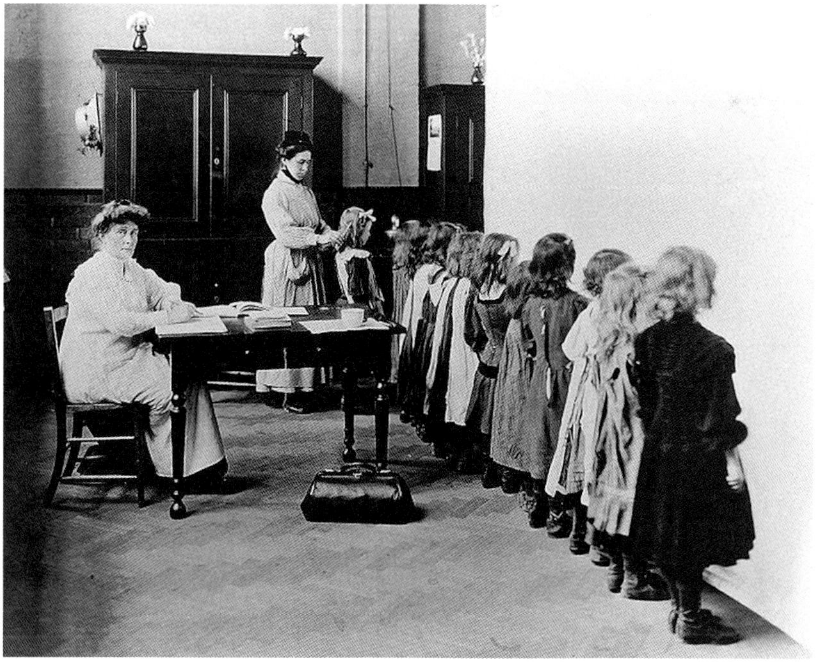

Abbildung 2-3: Women Sanitary Inspectors suchen in den Haaren der Mädchen einer britischen Schule nach Läusen. Quelle: s. Linkverzeichnis [3] in Kap. 11.

Abbildung 2-4: Eine Public Health Nurse bei ihrer Tätigkeit im Rahmen der Kinder- und Jugendhilfe in den USA der 1930er Jahre. Quelle: s. Linkverzeichnis [4] in Kap. 11.

In der Folgezeit waren es neben besseren hygienischen Bedingungen v.a. Impfprogramme und die effektive Bekämpfung von Infektionskrankheiten wie Poliomyelitis (Kinderlähmung, s. Abbildung 2-5), Diphtherie, Gelbfieber und Pocken, die dazu führten, dass die Lebenserwartung der Menschen stieg. Vor allem die Säuglingssterblichkeit wurde erheblich reduziert. Der Fokus von Public Health richtete sich daher etwa ab der 2. Hälfte des 20. Jahrhunderts verstärkt auf die nun häufiger werdenden chronischen Erkrankungen (**epidemiologische Transition**, s. Kap. 7.2). Nun wurden z.B. Maßnahmen und Programme zur Tabakkontrolle entwickelt. Darüber hinaus suchte man bei den betroffenen Menschen, in ihrem

Abbildung 2-5: Zeitungsschlagzeilen in US-Zeitschriften zur erfolgreichen Testung der Polio-Impfung am 13. April 1955. Quelle: s. Linkverzeichnis [5] in Kap. 11.

Lebensstil und ihrer Umwelt intensiv nach weiteren Faktoren, die das Risiko für chronische Erkrankungen erhöhen könnten. Aber auch Familienplanung, Arbeitssicherheit und die Sicherheit im Straßenverkehr wurden nun zu wichtigen Public-Health-Themen.

Aufgabe 2

1. Welche Bedeutung haben die im 19. Jahrhundert und zu Beginn des 20. Jahrhunderts im englischen Sprachraum so wichtigen Public-Health-Themen „öffentliche Hygiene" (z. B. Wasserreinhaltung, Abwasser etc.), „persönliche Hygiene", Betreuung von Schwangeren und Säuglingen sowie Bekämpfung von Infektionskrankheiten (z. B. durch Impfungen) in unserer heutigen Gesellschaft? Sammeln Sie hierzu aktuelle Informationen aus Tageszeitungen oder von Nachrichtenseiten aus dem Internet und kommentieren Sie die so gewonnenen Informationen im Hinblick auf diese Fragestellung.
2. Beziehen Sie Frage 1 auf Ihren Arbeits- oder Studienbereich. Sind die genannten Themen dort von Bedeutung? Werden hier entsprechende gesundheitsfördernde bzw. krankheitspräventive Maßnahmen durchgeführt?

2.3 Die Bedeutung von Sozialhygiene und Nationalsozialismus für die deutsche Tradition

Auch in Deutschland entwickelten sich im 19. und frühen 20. Jh. verschiedene Strömungen, die u.a. die Bedingungen, in denen Menschen leben mussten, mit dem Auftreten bestimmter Erkrankungen in Verbindung brachten. So ist etwa Konzept der **Sozialhygiene** eng mit den sozialreformerischen Ansätzen des 19. Jh. verbunden, deren Ziel es war, die prekäre soziale Lage der Arbeiterfamilien zu verbessern.

2.3.1 Allgemeine Hygiene

Den Begriff der „sozialen Hygiene" verwendete jedoch vermutlich erstmals *Max von Pettenkofer* (1818–1901) Anfang der 1870er Jahre. Von Pettenkofer war wie *Rudolf Virchow* (1821–1902) eigentlich ein Vertreter der „allgemeinen Hygiene". Leitwissenschaft dieses Krankheitskonzeptes war die sich gerade neu entwickelnde **Bakteriologie**. Sie erlebte in den Jahren zwischen 1870 und 1910 nicht nur in Deutschland einen großen Aufschwung. Ursache hierfür waren die Entdeckungen zahlreicher krankheitserregender Bakterien (z. B. durch *Robert Koch* [1843–1910] und *Friedrich Loeffler* [1852–1915]) und die Beachtung dieser Entdeckungen in Politik und Gesellschaft. Das Krankheitskonzept der „allgemeinen Hygiene" betrachtete dabei in erster Linie den einzelnen kranken Menschen sowie den jeweiligen Erreger einer bestimmten Erkrankung und schaute nicht oder kaum auf die Verhältnisse, in denen die erkrankten Menschen lebten.

2.3.2 Der Beginn der Sozialhygiene

Es gab jedoch etwa zur gleichen Zeit auch Ärzte wie den sozialdemokratischen Arzt *Alfred Grotjahn* (1869–1931), die sich mit den Zusammenhängen zwischen Krankheit bzw. Gesundheit und sozialer Umgebung beschäftigten. Grotjahn definierte den Begriff „Sozialhygiene" zu Beginn des 20. Jh. als Gesundheitsfürsorge, die die

> „größtmögliche Verhütung der dem Körper drohenden Schädlichkeiten ..." bei der „... größtmögliche(n) Bevölkerungszahl, wenn nicht bei ihrer Gesamtheit"

zum Ziel hat. Er stellte damit die zu dieser Zeit vorherrschende monokausale[5] Erklärung im Hinblick auf die Entstehung von Infektionskrankheiten (z.B. bei der Tuberkulose) in Frage und betonte, wie wichtig gesellschaftliche Einflüssen bei der Krankheitsentstehung sind. Grotjahns Nachfolger an der Berliner Universität, *Benno Chajes* (1880–1938), beschrieb Anfang der 1930er Jahre die „Sozialhygiene" als

> „die Lehre von dem Einfluß, den die wirtschaftlichen und sozialen Lebensbedingungen auf den Gesundheitszustand zusammengehörender großer Volksschichten und deren Nachkommen ausüben, ferner von den Maßnahmen, die unter Zugrundelegung dieser Kenntnisse auf eine Besserung der bestehenden Gesundheitsverhältnisse dieser Volksschichten und ihrer Nachkommen hinzielen".

Nach dem Sozialhygieniker *Ludwig Teleky* (1872–1957) befindet sich die „soziale Medizin" damit in einem Grenzgebiet zwischen den medizinischen Wissenschaften und den Sozialwissenschaften. Zu ihren Aufgaben gehöre es jedoch auch, alle „Errungenschaften der individuellen Hygiene und der klinischen Medizin" zu verbreiten und zu popularisieren. Schon vor dem ersten Weltkrieg waren sich die Vertreter der Sozialhygiene darin einig, dass hierzu verschiedene Betrachtungsweisen und Methoden nötig seien, v.a. aus den Bereichen Demografie, Statistik, Epidemiologie, Ökonomie und Recht. Die neue Wissenschaft habe dabei im Bereich der öffentlichen Gesundheitspflege nicht nur einen deskriptiven (d.h. beschreibenden), sondern v.a. einen normsetzenden, verändernden und damit erst wirklich präventiven Charakter. Die Vertreter der Sozialhygiene nahmen

---

5 *monokausal:* nur auf eine Ursache zurückgehend; in diesem Zusammenhang bedeutet es: nur der bakterielle Krankheitserreger wird als Ursache gesehen.

damit also auch für sich in Anspruch, im Interesse der Bevölkerung bzw. der von ihnen betreuten Volksschichten gesundheitspolitischen Einfluss auszuüben.

2.3.3 Aufgaben der Sozialhygiene

Im Jahr 1922 formulierte der Sozialhygieniker *Adolf Gottstein* (1857–1941) in einem Vortrag vor der Berliner Gesellschaft für öffentliche Gesundheitspflege eine Reihe von **Zukunftsaufgaben** einer solchen öffentlichen Gesundheitspflege. Hierzu gehören für ihn v. a.

- die Fortführung des Kampfes gegen die akuten und chronischen ansteckenden und gemeingefährlichen Krankheiten von der Form der Volksseuchen,
- die Eingliederung der sozialen Hygiene in die einheitliche, in ihren Grundauffassungen rein naturwissenschaftlich orientierte öffentliche Gesundheitspflege,
- die Vertiefung des Begriffs der Vorbeugung vom Standpunkt der öffentlichen Gesundheitspflege und
- eine neue Definition des Gesundheitsbegriffes.

Er sah die Aufgabe der öffentlichen Gesundheitspflege in der Vorbeugung von „Gefahren, die ganze Gruppen der Gesellschaft gemeinsam bedrohen und gegen die der Einzelne machtlos ist" und bezog sich dabei „auf lange Zeiträume". Seiner Ansicht nach brauchte es dazu jedoch eine tiefe Verankerung dieser Ideen in der Politik und in der Gesellschaft „nicht durch gesetzliche Bestimmungen allein und noch weniger durch polizeilichen Zwang ...". Diese Ideen wurden in sehr kurzer Zeit (zwischen dem Ende des ersten Weltkrieges und der Machtergreifung der Nationalsozialisten) in Teilen auch praktisch umgesetzt (s. Kap. 2.3.4, „Überblick über die vom Preußischen Landesgesundheitsrat durchgeführten Maßnahmen der Sozialhygiene und der öffentlichen Gesundheitspflege). So kam es in Deutschland u.a. zur Etablierung einer Gesundheitsfürsorge auf kommunaler Ebene sowie zur Errichtung von Gesundheits- und Fürsorgeämtern.

2.3.4 Von der Eugenik zur Rassenhygiene

In Gottsteins Aufsatz finden sich jedoch auch Ansätze zu einer völkischen Betrachtungsweise sowie ein Hinweis auf den „uns so nahestehenden Wissenszweig der Eugenik" (s.u.). Beides wurde später von der nationalsozialistischen Rassenhygiene übernommen. Dass Begriffe wie „Rassenhygiene" und das damit verbundene Gedankengut schon vor der NS-Zeit in Deutschland – ebenso wie in vielen anderen europäischen Staaten, in Japan, den USA, Kanada und Australien – weit verbreitet waren, zeigt z.B. der Überblick des Präsidenten des Preußischen Landesgesundheitsrates (Pr.LGR) *Heinrich Schopohl* aus dem Jahr 1931 über die vom Pr.LGR durchgeführten, umfangreichen Maßnahmen der Sozialhygiene und der öffentlichen Gesundheitspflege (s. nachfolgende Box).

Überblick über die vom Preußischen Landesgesundheitsrat durchgeführten Maßnahmen der Sozialhygiene und der öffentlichen Gesundheitspflege
(nach dem Präsidenten des Pr.LGR Heinrich Schopohl, 01.12.1931)

Am 1.12.1931 gab der damalige Leiter der Abteilung I des Volkswohlfahrtsministeriums und Präsident des **Preußischen Landesgesundheitsrates** (Pr.LGR) Heinrich Schopohl in der „Volkswohlfahrt" einen knappen Überblick über das bis dahin vom Pr.LGR Geleistete:

In den zehn Jahren seines Bestehens hat der Landesgesundheitsrat insgesamt 127 Sitzungen seiner zwölf Ausschüsse und mehrerer Unterausschüsse abgehalten:

a) auf dem Gebiet der öffentlichen Gesundheitspflege:
Über den Entwurf des Preußischen Tuberkulosegesetzes, über Tuberkulose-Heilmittel und -Heilverfahren, die Organisation der Krebsfürsorge, die Ernährung, die Trinkwasserhygiene, die Typhusbekämpfung, die Einführung einer Impfklausel, die Scharlach- und Diphtherie-Immunisierung, die Desinfektion nach Scharlach und Diphtherie, den Kropf und die Jodsalzprophylaxe, die Genickstarre, Kinderlähmung, Enzephalitis, Poliomyelitis, septische Aborte, die Erfahrungen mit der Salvarsanbehandlung, das Merkblatt über die Blinddarmentzündung, die gesetzliche Regelung der Arzneispezialitäten, Banisterin und Harmin[6], das Begräbnis- und das Leichenbeförderungswesen, Bauhygiene (Aborte und Bad in Hotelbauten), die Ausbildung der Medizinalbeamten, Fürsorgeärzte, Apotheker, des Heilpersonals, die Krankenhausapotheken, die Wirtschaftslage und ihre Einwirkung auf die öffentliche Gesundheitspflege.

b) auf dem Gebiet der Sozialhygiene:
Über den Schwangerenschutz in der Industrie, Säuglingspflege, die Eheberatung, Gesundheitszeugnisse, Schwangerschaftsunterbrechung, die Rassenhygiene und das Bevölkerungswesen, die Blutgruppenuntersuchungen, die Kapillarmikroskopie, die Sterilisation geistig Minderwertiger, die pflegerlosen Irrenabteilungen, die Alkoholgefahr, das Rettungs- und Krankenbeförderungswesen, die ärztliche Versorgung der Schulkinder, die Leibesübungen, die Sportärzte, Leistungsmessungen.

6 Mit den Alkaloiden *Banisterin* und *Harmin* wurden in den 1920er Jahren therapeutische Versuche bei Parkinson-Kranken unternommen.

c) auf dem Gebiet der gerichtlichen Medizin:
Über den Entwurf des Allgemeinen Strafgesetzbuches, die Einführung von Verwaltungssektionen.

d) Sonstiges:
Über das Verhältnis zwischen Ärzten und Krankenkassen, Zahnärzten und Zahntechnikern, Dentistenkammern, die Mißstände auf dem Gebiete der Kurpfuscherei.

Quelle: zitiert und modifiziert nach Saretzki T. Reichsgesundheitsrat und Preußischer Landesgesundheitsrat in der Weimarer Republik. Berlin: Weißensee-Verlag, 2000; s. Linkverzeichnis [6] in Kap. 11.

Der auch hier mitschwingende Begriff der **Eugenik** (auch **Eugenetik**) geht ursprünglich auf den britischen Anthropologen *Francis Galton* (1822–1911) zurück. Er bezeichnete damit schon im Jahr 1883 die Anwendung von theoretischen Konzepten auf die Bevölkerungs- und Gesundheitspolitik. Seiner Ansicht nach müsse es deren Ziel sein, den Anteil an positiv bewerteten Erbanlagen in der Bevölkerung zu vergrößern (positive Eugenik) und gleichzeitig den Anteil an negativ bewerteten Erbanlagen zu verkleinern (negative Eugenik). Galton verstand die Eugenik dabei als eine Wissenschaft im Dienst einer gesünderen Menschheit.

Wie weit verbreitet diese Auffassung damals war, zeigen auch die folgenden Beispiele:

- In Europa fanden die ersten Zwangssterilisationen und Zwangskastrationen aus eugenischen Gründen um 1890 statt, und zwar in der psychiatrischen Klinik Burghölzli in Zürich (Schweiz). Veranlasst wurden diese Maßnahmen an Psychiatriepatienten von *Auguste-Henri Forel* (1848–1931), dem Direktor der Einrichtung und „Vater der Schweizer Psychiatrie", sowie von dessen Nachfolgern *Eugen Bleuler* (1857–1939), *Hans Wolfgang Mayer* (1882–1945) und *Manfred Bleuler* (1903–1994). In der Schweiz wurden bis in die 1980er Jahre hinein viele Tausende „erblich minderwertiger" Menschen zwangssterilisiert. Die meisten von ihnen waren Frauen.
- Auch das erste Gesetz zur eugenischen Zwangssterilisation in Europa wurde in der Schweiz erlassen (1929 im Kanton Waadt; das Gesetz wurde erst 1985 aufgehoben).
- In Berlin wurde bereits am 22. Juni 1905 die (deutsche) Gesellschaft für Rassenhygiene gegründet.
- Der US-Bundesstaat Indiana verabschiedet 1907 ein Gesetz, nach dem Zwangssterilisation aus eugenischen Gründen erlaubt wurde.
- Gesetze zur Zwangssterilisation aus eugenischen Gründen gab es auch in Skandinavien: Dänemark (1929), Schweden, Norwegen und Finnland (1934/35), Island und Lettland (1937/38).
- Der britische Staatsmann und Literaturnobelpreisträger *Sir Winston Churchill* (1874–1965) war ebenfalls ein Anhänger der Eugenik. Seiner Ansicht nach

waren die „Geistesschwachen“ und „Verrückten“ eine Bedrohung für den Wohlstand, die Vitalität und die Kraft der britischen Gesellschaft.

- Ein weiterer Unterstützer der Eugenik war der amerikanische Präsident und Friedensnobelpreisträger *Theodore Roosevelt* (1858–1919).
- Noch im Jahr 1953 schrieb *Papst Pius XII* (1876–1958) in einer Note zum „First International Symposium for Genetic Medicine“, dass der grundlegende Ansatz der Eugenik moralisch einwandfrei sei. Er lehnte jedoch jede Form von Zwangsmaßnahmen in diesem Zusammenhang ab.

Dass viele Vertreter der Sozialhygiene in Deutschland auch eugenisches Gedankengut vertraten, war zu dieser Zeit also nichts Ungewöhnliches. Menschen, die der Eugenik nahestanden, waren auch nicht in jedem Fall politisch rechts oder sogar rechtsextrem orientiert. In Deutschland (ebenso wie in Skandinavien) waren z. B. auch Sozialdemokraten und Menschen jüdischen Glaubens Anhänger der Eugenik. Viele von ihnen wurden nach der Machtübernahme der Nationalsozialisten aus politischen und rassistischen Gründen aus ihren Ämtern gedrängt und verfolgt.

In Deutschland wurde die Entwicklung hin zu einem einheitlichen Fachgebiet „Öffentliche Gesundheit“ (bzw. „Public Health“ oder „Gesundheitswissenschaften“) – so wie sie ähnlich auch in anderen westeuropäischen und nordamerikanischen Ländern stattfand –, durch den Nationalsozialismus jäh gestoppt. Bestimmte Bereiche der Sozialhygiene wurden für machtpolitische Zwecke missbraucht, andere vollkommen ausgelöscht. Die meisten sozialhygienisch tätigen Ärzte,

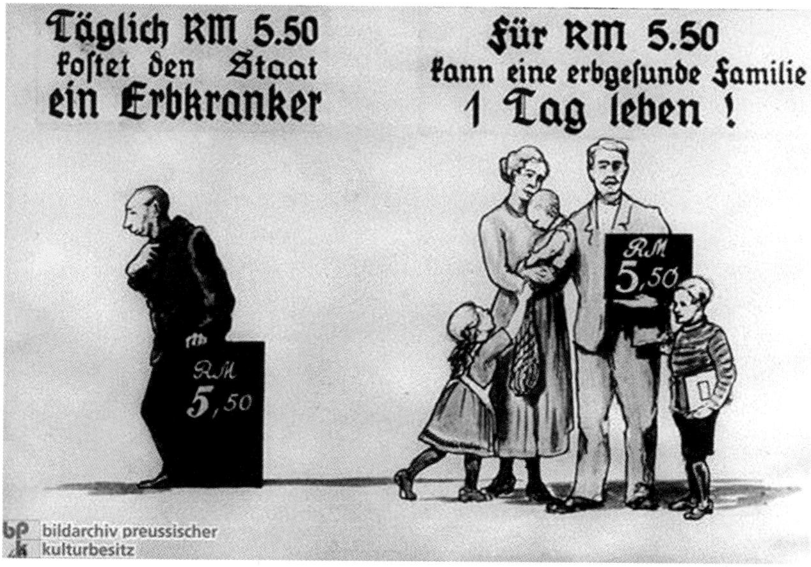

Abbildung 2-6: Nationalsozialistische „rassenhygienische“ Propaganda: Vergleich der täglichen Lebenshaltungskosten für einen „Erbkranken“ und für eine „erbgesunde Familie“ (aus der Dia-Serie „Blut und Boden“; um 1935). Quelle: s. Linkverzeichnis [7] in Kap. 11.

Biologen, Psychologen und Soziologen wurden vertrieben und verfolgt. Einige von ihnen konnten ihre Ideen in anderen Ländern wie den USA weiter verfolgen. Der Bereich der öffentlichen Gesundheit wurde in Deutschland nun gänzlich von der nationalsozialistischen Ideologie geprägt (s. Abbildung 2-6). Ihre Anhänger begannen aus „rassenhygienischen" Gründen mit der „Vernichtung lebensunwerten Lebens". Opfer waren neben „Fremdrassigen" (v. a. Juden; Zahl der Todesopfer: zwischen 5,6 und 6,3 Mio. Menschen) auch „Asoziale" (hierunter verstand man z. B. Sinti, Roma, Homosexuelle, Alkoholiker, Prostituierte; Zahl der Todesopfer unbekannt). Teil der nationalsozialistischen „Rassenhygiene" war darüber hinaus auch die als „Euthanasie"[7] bezeichnete Ermordung von körperlich, psychisch und geistig behinderte Menschen (Zahl der Todesopfer: mehr als 100.000 Menschen). Weitere „Euthanasie"-Opfer waren alte und kranke Häftlinge von Konzentrationslagern, die nicht mehr arbeitsfähig waren. Die Zahl der in diesem Zusammenhang durchgeführten Zwangssterilisationen ist unbekannt.

2.3.5 Situation nach dem zweiten Weltkrieg

Insbesondere im Westen Deutschlands war daher eine durch staatliche Stellen umgesetzte, auf die Bevölkerung bezogene Sichtweise der Gesundheit (Public-Health-Sicht) nach dem zweiten Weltkrieg zunächst weitgehend unmöglich. Aber auch in der Deutschen Demokratischen Republik (DDR) konnte man nach dem Krieg nicht mehr in allen Punkten an das gut funktionierende öffentliche Gesundheitswesen der Weimarer Republik anknüpfen.

Deutsche Demokratische Republik

In der DDR war das Gesundheitswesen fast vollständig verstaatlicht. Wichtigstes Ziel der Gesundheitspolitik war hier die Sicherung der Arbeitskraft. Um dies zu erreichen, führte man ein breit gefächertes Angebot an Vorsorgeuntersuchungen ein, u. a. Pflichtuntersuchungen während der Schwangerschaft, regelmäßige Reihenuntersuchungen in Kinderkrippen, Kindergärten und Schulen sowie ambulante Röntgenreihenuntersuchungen. Staatliche Polikliniken, in denen verschiedene Fach- und Allgemeinärzte gemeinsam arbeiteten, stellten die ambulante ärztliche Betreuung sicher. Trotzdem blieb die Lebenserwartung der DDR-Bürger mit der Zeit immer weiter hinter der der Einwohner westlicher Industrienationen zurück. Verantwortlich dafür war v. a. eine ungesündere Lebensweise (einseitige, kalorienreiche Ernährung, höherer durchschnittlicher Alkoholkonsum), starke körperliche Arbeit und eine hohe – industriell bedingte – Belastung der Umwelt, aber auch die zunehmend mangelhafte ärztliche Versorgung infolge der Flucht vieler ausgebildeter Ärzte in den Westen. In den 1980er Jahren lag die

7 *Euthanasie* (gr.): leichter Tod, Linderung des Leidens im Sterben; der Begriff wurde von den Nationalsozialisten für die Vernichtung „lebensunwerten Lebens" missbraucht.

Lebenserwartung in der DDR daher bei Frauen um 3 Jahre, bei Männern um 2,5 Jahre unterhalb der durchschnittlichen Lebenserwartung in der Bundesrepublik Deutschland.

Bundesrepublik Deutschland

Obwohl der Staat in der Bundesrepublik Deutschland (BRD) nach dem Grundgesetz zur „Daseinsvorsorge" für seine Bürger – und somit auch zur Sicherstellung einer ausreichenden medizinischen und pflegerischen Versorgung – verpflichtet ist, beschränkte er sich im Bereich der Gesundheit auf regulierende und beaufsichtigende Funktionen. Die eigentliche medizinische und pflegerische Versorgung übertrug er im Rahmen eines Systems der „gemeinsamen Selbstverwaltung" auf die Vertreter der gesetzlichen Krankenversicherungen und die jeweiligen (i.d.R. nicht staatlichen) Leistungserbringer wie niedergelassene Ärzte, Zahnärzte, Psychotherapeuten, Krankenhäuser, Pflegeeinrichtungen, Apotheker. Dadurch erlebte die Individualmedizin nach dem zweiten Weltkrieg einen starken Aufschwung. Öffentliche Gesundheitsvorsorge fand dabei i.d.R. nur noch als Krankheitsprävention statt. Anfangs noch durchgeführte Maßnahmen der Gesundheitsämter wie Röntgenreihenuntersuchungen zur Erkennung von Tuberkuloseerkrankten, regelmäßige Untersuchungen der Schüler durch den Schulzahnarzt und Impfaktionen in den Schulen wurden zunehmend eingeschränkt. Noch heute ist beispielsweise das von CDU/CSU und SPD erarbeitete Präventionsgesetz, das im Sommer 2015 in Kraft trat (s. Kap. 7.1) überwiegend krankheitspräventiv und nicht gesundheitsfördernd ausgerichtet. Ähnliches gilt für die überwiegende Anzahl der Maßnahmen, die beispielsweise im Rahmen der Betrieblichen Gesundheitsförderung angeboten werden.

> **Definition „Krankheitsprävention" und „Gesundheitsförderung"**
> Mit Hilfe der Krankheitsprävention versucht man, einer Krankheit „zuvorzukommen", d.h. ihr Auftreten oder eine Verschlimmerung der Erkrankung zu verhindern.
> Das Ziel von Gesundheitsförderung ist es, gesundheitserhaltende Lebensbedingungen zu schaffen und die gesundheitsförderlichen Ressourcen der Menschen zu stärken, um die Gesundheit und die Lebensqualität von möglichst vielen Menschen zu erhöhen.

Der Rückzug aus dem Bereich der „Öffentlichen Gesundheitsvorsorge" hat dazu geführt, dass (West-)Deutschland im Bereich von Public Health in den Nachkriegsjahrzehnten sowohl in wissenschaftlicher als auch in praktischer Hinsicht international immer mehr an Bedeutung verlor.

2.3.6 Gesundheitswissenschaften knüpfen an Sozialhygiene an

Erst in den 1980er Jahren wurde auch in Deutschland über eine Gesundheitsförderung nachgedacht, die über präventive Maßnahmen der Individual-Medizin hinausgehen sollte. Angestoßen wurde dies durch internationale Initiativen im Gesundheitsbereich (*Konferenz von Alma-Ata* 1978, *Ottawa-Charta* 1986), aber auch durch die sozialen Bewegungen und Umweltbewegungen dieser Zeit sowie die vielen, neu gegründeten Selbsthilfegruppen. Man wollte dabei auch an bestimmte Traditionen der Sozialhygiene anknüpfen und übernahm daher nicht den englischen Begriff „Public Health", sondern nannte das neue Fach „Gesundheitswissenschaften". Ähnlich wie bei „Public Health" strebte man jedoch eine interdisziplinäre Zusammenarbeit von Medizin- und Naturwissenschaften, von Geistes-, Sozial- und Wirtschaftswissenschaften an, um gemeinsam die anstehenden Probleme der öffentlichen Gesundheit zu analysieren und Lösungsmöglichkeiten aufzuzeigen. Im Vergleich zu „Public Health" in den angelsächsischen Ländern (oder auch zu „Public Health" in der Schweiz) betonen die Vertreter der Gesundheitswissenschaften den geistes- und sozialwissenschaftlichen Ansatz ihrer Disziplin jedoch wesentlich stärker. Auch spielt in der Theorie der Gesundheitswissenschaften die individuelle Gesundheit des einzelnen Menschen eine größere Rolle.

Die erste deutsche „Fakultät für Gesundheitswissenschaften/School of Public Health" entstand 1993 an der Universität Bielefeld. Noch heute ist diese Fakultät die größte ihrer Art in Deutschland. Sie bietet neben Bachelor- und Masterstudiengängen auch ein Doktoranden- und Weiterbildungsprogramm an.

Aufgabe 3

1. Im vorangegangenen Kapitel haben Sie gelesen, dass der britische Staatsmann und Literaturnobelpreisträger Sir Winston Churchill – wie viele Menschen seiner Zeit – die Ansicht vertrat, dass die „Geistesschwachen" und „Verrückten" eine Bedrohung für den Wohlstand, die Vitalität und die Kraft seiner Gesellschaft darstellten. Er war Vertreter einer Eugenik, die sich als Wissenschaft im Dienst einer gesünderen Menschheit verstand.
   Auch Public Health sieht sich als eine Wissenschaft, deren Ziel es ist, mehr Gesundheit in einer Bevölkerung zu erreichen. In welchen Punkten unterscheiden sich Eugenik und Public Health jedoch fundamental?
2. Finden Sie Beispiele, wo das Gedankengut der Eugenik in unseren Gesellschaften bzw. in unserer Arbeitswelt – unterschwellig oder auch offen – noch immer eine Rolle spielt? Gibt es hier international Unterschiede?

3 Public Health als multidisziplinäres/ interdisziplinäres Fach

3.1 Multidisziplinär oder interdisziplinär?

3.1.1 Definitionen

Was bedeutet die Aussage, Public Health sei ein multidiszipinäres bzw. ein interdisziplinäres Fach?

In den vorangegangenen Abschnitten wurde schon mehrfach erwähnt, dass Public Health ein Fach ist, in dem Vertreter verschiedener, sehr unterschiedlicher Disziplinen miteinander an bestimmten Fragestellungen im Gesundheitsbereich arbeiten.

Die Bearbeitung der Fragestellungen kann so geschehen, dass jeder dieser Mitarbeiter in seinem eigenen Fachbereich an einem Aspekt der Fragestellung arbeitet. In diesem Fall findet zwischen den unabhängigen Fachbereichen kein nennenswerterer Austausch statt. Jeder Fachvertreter spricht dabei in seiner eigenen Fachsprache (Terminologie) und verwendet seine eigenen Methoden und Konzepte. Zum Schluss werden die Ergebnisse der einzelnen Fachbereiche zusammengetragen. Eine solche Zusammenarbeit nennt man **multidisziplinär**[8].

Idealerweise sollte die Arbeit im Bereich Public Health jedoch fächerübergreifend, d.h. **interdisziplinär**[9] erfolgen. Hierbei werden zur Bearbeitung einer Fragestellung die Methoden, Ansätze und Denkweisen verschiedener Fachrichtungen genutzt. Die Vertreter dieser Fachbereiche arbeiten dabei entweder gemeinsam an einer Fragestellung oder tauschen sich in regelmäßigen Abständen aus, um gemeinsame Lösungen zu finden. Dabei kann der fächerübergreifende Ansatz durch die Zusammenarbeit verschiedener Fachbereiche entstehen oder dadurch, dass ein Fachgebiet (wie etwa Public Health) selbst einen interdisziplinären Ansatz verfolgt. Viele Public-Health-Fachleute haben vor ihrer Public-Health-Weiterbildung in anderen Disziplinen gearbeitet und bringen ihre Erfahrungen und ihr Wissen aus diesen Bereichen in die Public-Health-Arbeit mit ein.

8 *multi* (lat.): viele, vielfach, mehr; Disziplin: von *disciplina* (lat.): Lehre, Schule.
9 *inter* (lat.): zwischen.

3.1.2 Warum arbeitet Public Health interdisziplinär?

Es stellt sich nun die Frage, warum es sinnvoll und nötig ist, im Bereich Public Health interdisziplinär zusammenzuarbeiten. Gesundheit ist etwas, das viele unserer Lebensbereiche beeinflusst. Um eine gesündere Bevölkerung zu erhalten, muss Public Health in vielen dieser Bereiche ansetzen.

Die sehr unterschiedlichen Fragestellungen, mit denen sich Public Health beschäftigt, sind in Tabelle 3-1 dargestellt.

Tabelle 3-1: Grundlegende Public-Health-Fragen.

1.	Wie kommt es dazu, dass Menschen gesund bzw. krank sind?
2.	Wie häufig sind bestimmte Erkrankungen und wie verteilen sie sich in unserer Gesellschaft?
3.	Was sind die sozialen und umweltbedingten Einflussfaktoren auf die Gesundheit?
4.	Was sind die Ursachen von gesundheitlicher Ungleichheit?
5.	Wie groß ist der Bedarf an präventiver, kurativer[10], rehabilitativer, pflegerischer und palliativer[11] Versorgung in einer Gesellschaft? Wie groß wird er in absehbarer Zukunft sein?
6.	Wie groß ist der Bedarf an Gesundheitsförderung in einer Gesellschaft? Wie groß wird er in absehbarer Zukunft sein?
7.	Wie sollen Maßnahmen zur Gesundheitsförderung und zur Prävention von bestimmten gesundheitlichen Beeinträchtigungen geplant, durchgeführt und evaluiert (bewertet) werden?
8.	Wie wirksam und effizient (Kosten-Nutzen-Relation) sind bestimmte Maßnahmen zur Gesundheitsförderung und zur Krankheitsprävention?
9.	Wie wirksam und effizient sind bestimmte therapeutische Maßnahmen?
10.	Eignen sich die bestehenden Strukturen und Prozesse, um eine effektive (d. h. wirksame) und effiziente (d. h. in einem guten Kosten-Nutzen-Verhältnis stehende) gesundheitliche Versorgung sicherzustellen?
11.	Eignen sich die bestehenden Strukturen und Prozesse, um eine effektive und effiziente Gesundheitsförderung durchzuführen?
12.	Wie soll ein Gesundheitssystem aussehen, das allen Menschen einen ihrem Bedarf entsprechenden, bezahlbaren Zugang zu qualitativ möglichst hochwertigen Versorgungsleistungen bietet?
13.	Wie soll ein solches Gesundheitssystem gesteuert und finanziert werden?

10 Im Gesundheitsbereich spricht man von Kuration, wenn eine Behandlung auf die vollständige Wiederherstellung der Gesundheit eines Patienten abzielt.

11 Eine *palliative Therapie* zielt nicht mehr auf eine (nicht mehr mögliche) Heilung einer bestehenden Erkrankung ab, sondern auf die Linderung ihrer Folgen (z. B. Schmerzreduktion, Reduzierung von Atemnot, Verbesserung der Ernährungssituation).

14.	Wie wirken sich politische Entscheidungen (in den verschiedensten Bereichen der Politik) auf die Gesundheit der Bevölkerung aus?
15.	Wie können Patienten bzw. Einwohner eines Staates, einer Gemeinde angemessen an der Gestaltung ihres Gesundheitssystems beteiligt werden? Wie können sie gesundheitsrelevante Entscheidungen in der Politik mittragen?
16.	Wie soll die Aus- und Weiterbildung in den verschiedenen Gesundheitsberufen aussehen? Welche Aufgaben sollen die einzelnen Gesundheitsberufe in der gesundheitsbezogenen Versorgung übernehmen?

3.2 Public-Health-Disziplinen

3.2.1 Übersicht

Um all diese Fragen aus Kap. 3.1.2 (und noch viele andere) zu beantworten und damit die gesundheitliche Versorgung einer Bevölkerung zu verbessern, arbeiten im Bereich Public Health Fachleute v. a. aus den folgenden Bereichen interdisziplinär zusammen:

- Epidemiologie
- Statistik
- Demografie
- Medizin
- Soziologie/Sozialwissenschaften
- Psychologie
- Ökonomie
- Politik/Politikwissenschaft
- Rechtswissenschaften
- Ethik

Darüber hinaus können je nach der vorliegenden Thematik z. B. auch Fachleute aus der Gesundheitsberichterstattung, der Arbeitsmedizin, der Umweltmedizin, der Geografie und Ökologie, der Gesundheitssoziologie, der Medizinsoziologie, der Gerontologie, der Pflegewissenschaft, der Behindertenarbeit, der psychosozialen Arbeit, der Psychotherapie, der Psychosomatik, der Gesundheitssystemforschung, der Versorgungsforschung sowie aus den Bereichen Management und Qualitätssicherung im Gesundheitswesen oder Rehabilitation und Sport beteiligt sein. Je nachdem, ob bei der Thematik nationale und/oder internationale Aspekte eine Rolle spielen, können wiederum Fachleute aus weiteren Themenbereichen mit einbezogen werden.

Aufgabe 4

Im vorangegangenen Text (s. Kap. 3.1.2) finden Sie eine Auflistung von Public-Health-Aufgaben.

1. Wählen Sie aus den 16 Aufgabenbereichen bitte 6 Bereiche aus. Überlegen Sie sich nun, welche Public-Health-Disziplinen zur Lösung dieser sechs Aufgaben jeweils beitragen können.
2. Begründen Sie Ihre Antworten, indem Sie beschreiben, in welcher Weise die einzelnen Disziplinen hieran beteiligt sind. Näheres zu den Aufgaben der Disziplinen recherchieren Sie bitte im Internet.

3.2.2 Die Bedeutung der Epidemiologie

Die Epidemiologie gehört zu den zentralen Public-Health-Disziplinen. Sie beschäftigt sich mit der Verbreitung von Krankheiten, Todesfällen und gesundheitsbezogenen Zuständen und Ereignissen in einer Bevölkerung bzw. in Gruppen der Bevölkerung (**Populationen**). Darüber hinaus forscht sie nach den Ursachen und Folgen von Erkrankungen, sucht nach Maßnahmen, um diese Erkrankungen zu verhindern, und misst die Ergebnisse solcher gesundheitsfördernder Eingriffe.

Die folgenden epidemiologischen Untersuchungen bilden dabei die Basis für alle Public-Health-Maßnahmen:

- Untersuchungen zur Häufigkeit von Erkrankungen in bestimmten Bevölkerungsgruppe zu einem definierten Zeitpunkt bzw. in einem definierten Zeitraum (**Prävalenz**; s. Abbildung 3-1)
- Untersuchungen zur Anzahl von Neuerkrankungen in einer bestimmten Bevölkerungsgruppe in einem bestimmten Zeitraum (**Inzidenz** s. Abbildung 3-2)
- Untersuchungen zur Anzahl der Gestorbenen in einer bestimmten Bevölkerungsgruppe in einem bestimmten Zeitraum (**Mortalität**)
- Untersuchungen zur Zahl der in einer bestimmten Bevölkerungsgruppe an einer bestimmten Erkrankung in einem definierten Zeitraum Gestorbenen (**Letalität**)

Epidemiologische Maßzahlen am Beispiel HIV/AIDS

- Prävalenz: Die HIV/AIDS-Prävalenz betrug im Jahr 2010 weltweit 34.000.000 Fälle.
- Inzidenz: Die HIV-Inzidenz betrug im Jahr 2010 weltweit 2.700.000 Fälle.
- Letalität: Die HIV/AIDS-Letalität betrug im Jahr 2010 weltweit 1.800.000 Fälle.

Quelle: Die Zahlen des HIV/AIDS-Beispiels wurden dem *UNAIDS REPORT ON THE GLOBAL AIDS EPIDEMIC*, unaids.org. 2011 entnommen, s. Linkverzeichnis [8] in Kap. 11.

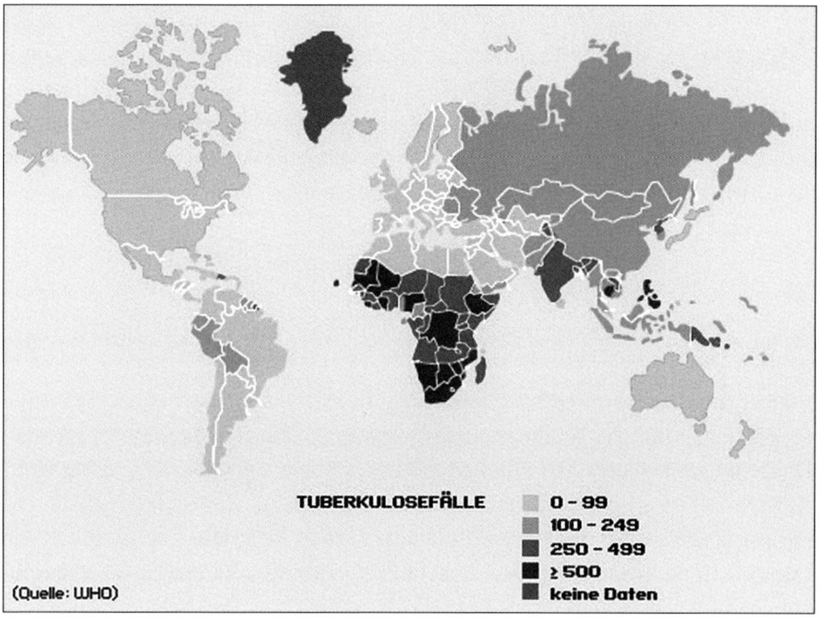

Abbildung 3-1: Weltkarte, die die geschätzte Häufigkeit (Prävalenz) der Tuberkulose pro 100.000 Einwohner im Jahr 2007 aufzeigt. Am häufigsten waren Tuberkulosefälle in diesem Zeitraum hiernach in Teilen Afrikas und Südasiens. Quelle: s. Linkverzeichnis [9] in Kap. 11, mit freundlicher Genehmigung der DAHW Deutsche Lepra- und Tuberkulosehilfe e.V. vom 31. August 2016; s.a. Linkverzeichnis [11] in Kap. 11.

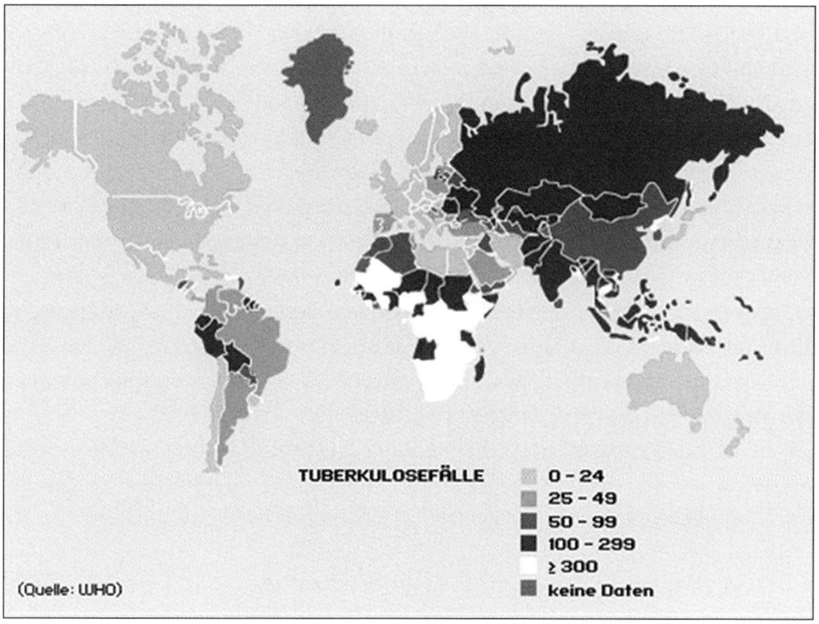

Abbildung 3-2: Weltkarte, die die geschätzte Anzahl von Neuerkrankungen (Inzidenz) an Tuberkulose pro 100.000 Einwohner im Jahr 2007 aufzeigt. Die meisten Neuerkrankungen gab es 2007 hiernach in weiten Teilen Afrikas, aber auch in den Staaten der ehemaligen Sowjetunion, in Indien und großen Teilen Südasiens. Quelle: s. Linkverzeichnis [10] in Kap. 11, mit freundlicher Genehmigung der DAHW Deutsche Lepra- und Tuberkulosehilfe e.V. vom 31. August 2016; s.a. Linkverzeichnis [11] in Kap. 11.

Anders als die klinische Medizin beschäftigt sich die Epidemiologie also nicht damit, einzelne kranke Menschen zu behandeln, sondern betrachtet die gesundheitliche Situation auf der **Bevölkerungsebene**. Dabei untersucht sie auch das soziale, geografische und ökonomische Umfeld, in dem bestimmte Erkrankungen auftreten. Die Epidemiologie liefert damit wichtige grundlegende Erkenntnisse zu Gesundheitsförderung und Krankheitsprävention, aber auch zur Therapie bestimmter Erkrankungen.

3.2.3 Die Bedeutung der Sozialmedizin

Eine weitere zentrale Disziplin von Public Health ist die Sozialmedizin. Sie beschäftigt sich mit den Risiken und protektiven (schützenden) Faktoren, die zur Entstehung von Gesundheit und Krankheit beitragen. Anders als andere, überwiegend naturwissenschaftlich ausgerichtete Bereiche der Medizin berücksichtigt sie insbesondere auch die **gesellschaftlichen Bedingungen**, unter denen Gesundheit und Krankheit entstehen. Hierzu gehören nicht nur die Wohnbedingungen und sozialen Kontakte, über die Menschen verfügen, sondern auch ihre Arbeitsbedingungen. Sozialmedizin befasst sich darüber hinaus auch mit der Organisation des Gesundheitswesens und mit der sozialen Sicherung der Bevölkerung (z. B. über Sozialversicherungen). Hier stellt sie häufig Kosten-Nutzen-Vergleiche an, d. h. sie betrachtet auf der einen Seite die Wirkung bestimmter therapeutischer oder präventiver Maßnahmen, auf der anderen Seite die dadurch entstehenden Kosten.

Die Sozialmedizin hat daher engen Kontakt zu anderen Fachdisziplinen wie der Medizinischen Soziologie, der Arbeitsmedizin, der Gesundheitspolitik, dem Gesundheitsrecht, der Gesundheitsökonomie und der Gesundheitssystem- und Versorgungsforschung. Auch umweltmedizinisches Wissen kann bei der Bearbeitung von sozialmedizinischen Fragestellungen eine Rolle spielen. Sozialmedizin und Medizinische Soziologie beschäftigen sich oftmals mit ähnlichen Themenstellungen. Im Gegensatz zur Sozialmedizin betrachtet sich die **Medizinische Soziologie** jedoch nicht als ein Teil der Medizin, sondern schaut von außen auf ärztliches Handeln und auf das Gesundheitsverhalten von Personen und Gruppen von Personen im gesellschaftlichen Kontext[12].

In Deutschland können Fachärzte die **Zusatzbezeichnung Sozialmedizin** erwerben. Sie sind dann z. B. beim Medizinischen Dienst der Krankenkassen, bei der Gesetzlichen Rentenversicherung, bei Versorgungswerken oder auch in Rehabilitationseinrichtungen tätig.

In der 1963 als wissenschaftliche medizinische Fachgesellschaft für Sozialmedizin gegründeten **Deutschen Gesellschaft für Sozialmedizin und Prävention e. V.** (s. Abbildung 3-3) sind mittlerweile mehr als 500 Mitglieder organisiert, die u. a. aus den Gesundheitswissenschaften, der Medizin und den Sozialwissen-

12 *Kontext*: Zusammenhang.

Deutsche Gesellschaft für Sozialmedizin und Prävention

Abbildung 3-3: Logo der Deutschen Gesellschaft für Sozialmedizin und Prävention e.V. Quelle: s. Linkverzeichnis [12] in Kap. 11, mit freundlicher Genehmigung der DGSMP vom 01. April 2014.

schaften stammen. Die Gesellschaft fördert Forschung, Lehre und Praxis in den Bereichen Sozialmedizin und Prävention. Sie regt u.a. die Bildung interdisziplinärer Netzwerke an und unterstützt deren Tätigkeit.

3.2.4 Arbeitsmedizin und Public Health

Für viele Menschen ist Arbeit nicht nur das Mittel, um ihres Lebensunterhalt zu verdienen, sondern bedeutet für sie auch Freude, Befriedigung und Lebenssinn. Damit kann Arbeit zur Gesundheit eines Menschen beitragen. Andererseits können Arbeitsbedingungen jedoch auch krank machen.

Die Arbeitsmedizin beschäftigt sich mit den Auswirkungen von Arbeit auf die Gesundheit der Menschen, auf ihre Arbeits- und Beschäftigungsfähigkeit. Zu den Aufgaben der Arbeitsmedizin gehören z.B. die Diagnostik von arbeitsbedingten Gesundheitsschäden und Berufskrankheiten sowie ihre Prävention. Arbeitsmediziner beschäftigen sich mit der ergonomischen Gestaltung von Arbeitsplätzen und Arbeitsabläufen. Eine weitere Aufgabe ist die Eingliederung von chronisch kranken und behinderten Menschen in den Arbeitsprozess.

Definition „Ergonomie“
Die ergonomische Arbeitsgestaltung versucht, das Arbeitsumfeld so zu verbessern, dass es optimale Leistungen erlaubt. Den Anforderungen, die an die Arbeitenden gestellt werden, werden Möglichkeiten zur gesunden Ausführung gegenübergestellt.

Die Arbeitsmedizin ist keine kurative[13] Medizin. Sie dient v.a. der Prävention, der Gesundheitsförderung und der Rehabilitation. Arbeitsmediziner sind daher in der Regel beratend tätig.

13 *kurative Medizin*: bedeutet hier „behandelnde Medizin“.

Definition „Rehabilitation"
Rehabilitation bietet verschiedene Maßnahmen an, die die Wiedereingliederung eines kranken oder behinderten Menschen in den Alltag oder das berufliche Leben fördern sollen.

In den letzten Jahren wurde immer wieder kritisch angemerkt, dass die Weiterbildung zum **Facharzt für Arbeitsmedizin** in Deutschland sehr stark naturwissenschaftlich/technisch orientiert ist. Obwohl sich die Arbeitswelt in den vergangenen Jahrzehnten stark verändert hat, standen Themen wie Unfälle am Arbeitsplatz (s. Abbildung 3-4) oder die gesundheitsgefährdenden (toxischen[14], krebserregenden, sensibilisierenden[15] und fruchtschädigenden[16]) Auswirkungen von Arbeitsstoffen noch immer im Zentrum der Weiterbildung. Berufsbezogene Gesundheitsrisiken wie z.B. Stress am Arbeitsplatz oder die Erarbeitung eines Maßnahmenkonzeptes zum Betrieblichen Gesundheitsmanagement spielten bisher im Curriculum nur eine untergeordnete Rolle.

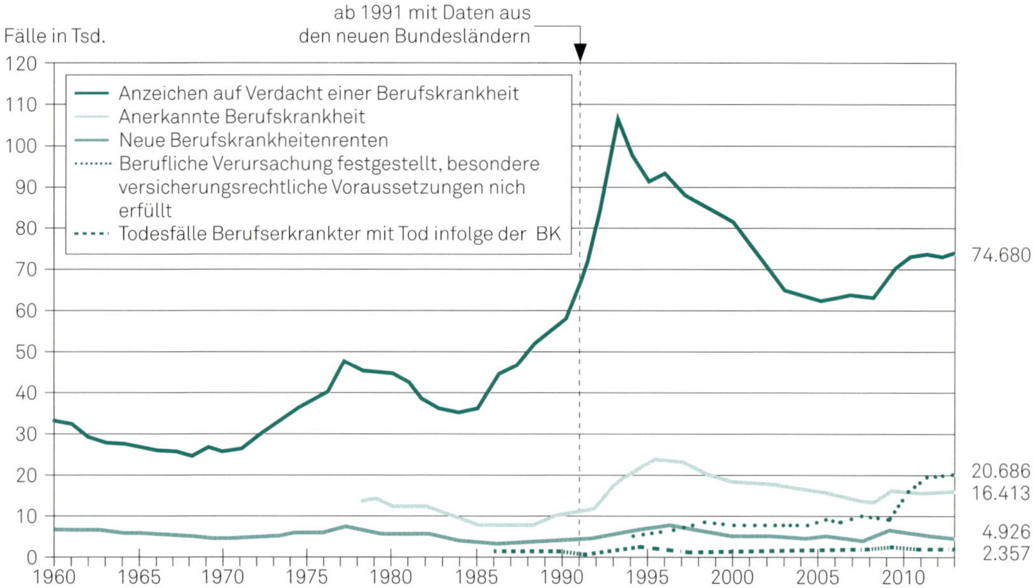

Abbildung 3-4: Abnahme der meldepflichtigen Arbeitsunfälle in Deutschland zwischen 1960 und 2013 (in absoluten Zahlen und pro 1.000 Vollarbeiter). Der Anstieg der absoluten Zahlen im Jahr 1991 ist auf die Wiedervereinigung Deutschlands zurückzuführen. Quelle: s. Linkverzeichnis [13] in Kap. 11, mit freundlicher Genehmigung der Bundesanstalt für Arbeitsschutz und Arbeitsmedizin (BAuA) vom 07. April 2014; s.a. Linkverzeichnis [14] in Kap. 11.

14 *toxisch*: giftig.
15 *sensibilisierend*: eine fehlgeleitete Immunantwort/Allergie auslösend.
16 *fruchtschädigend* (teratogen): das ungeborene Kind im Mutterleib schädigend.

Die v. a. in den letzten Jahren in Deutschland stark angestiegenen Zahlen der Frühverrentung infolge psychischer Störungen zeigen jedoch, dass in Zukunft eine andere Schwerpunktsetzung nötig sein wird. Die klassischen Berufskrankheiten (Asbestose, Silikose, Lärmschwerhörigkeit, bestimmte Hautkrankheiten) werden an Bedeutung verlieren, die Auswirkungen unserer modernen Arbeitswelt auf die darin arbeitenden Menschen werden dagegen an Bedeutung gewinnen. Die Deutsche Gesellschaft für Arbeitsmedizin und Umweltmedizin e. V. (DGAUM; s. Abbildung 3-5) hat deshalb empfohlen, die **Facharztweiterbildung „Arbeitsmedizin"** in **„Arbeitsmedizin und Prävention"** umzubenennen und die Inhalte der Weiterbildung dementsprechend zu erweitern. Da sich die präventiven Aufgaben im Arbeitsumfeld mit den außerberuflichen Präventionsmaßnahmen in vielen Bereichen überschneiden, können die in den Betrieben gewonnenen Erkenntnisse nach Ansicht der DGAUM auch auf die Bereiche außerhalb des Arbeitsfeldes übertragen werden.

DGAUM

Deutsche Gesellschaft für
Arbeitsmedizin und Umweltmedizin e.V.

Abbildung 3-5: Logo der Deutschen Gesellschaft für Arbeitsmedizin und Umweltmedizin e. V. Quelle: s. Linkverzeichnis [15] in Kap. 11, mit freundlicher Genehmigung der Deutschen Gesellschaft für Arbeitsmedizin und Umweltmedizin e. V. vom 31.08.2016.

Aufgabe 5

1. Beschreiben Sie bitte, in welcher Hinsicht sich Sozialmedizin und medizinische Soziologie unterscheiden.
   Informieren Sie sich hierzu z. B. über Fachmedien im Internet. Versuchen Sie dabei auch den geschichtlichen Hintergrund mit einzubeziehen (vgl. Kap. 2.3 „Die Bedeutung von Sozialhygiene und Nationalsozialismus für die deutsche Tradition").
2. Informieren Sie sich, wie in Ihrem Arbeits- oder Studienbereich arbeitsmedizinische Probleme und Aufgabenstellungen gehandhabt werden.
   Welche arbeitsmedizinischen Probleme treten regelmäßig auf?
   Welche arbeitsmedizinischen Maßnahmen werden durchgeführt?
   Wer ist für die Durchführung verantwortlich?
   Welche weiteren Aufgaben übernimmt die Arbeitsmedizin in Ihrem Arbeits- oder Studienbereich?

4 Was ist Gegenstand von Public Health?

Nach einer Definition der **Weltgesundheitsorganisation** (WHO) ist es Aufgabe von Public-Health-Experten,

- Daten und Wissen zum Gesundheitszustand von Bevölkerungen zu gewinnen,
- deren Gesundheitszustand zu überwachen,
- in der Bevölkerung gesunde Verhaltensweisen zu fördern und
- sicherzustellen, dass die Populationen gesund bleiben.

Um das breite Spektrum von Public Health zu veranschaulichen, nennt die WHO die folgenden, weltweit durchgeführten Gesundheitskampagnen der letzten Jahre und Jahrzehnte (s. a. das in Abbildung 4-1 genannte Beispiel):

- Impfungen und Kontrolle von Infektionskrankheiten
- Fahrzeugsicherheit
- Sicherer Arbeitsplatz
- Sichere und gesündere Lebensmittel
- Sicheres Trinkwasser
- Gesunde Mütter und Babys / Zugang zu Möglichkeiten der Familienplanung
- Rückgang der Todesfälle durch koronare Herzerkrankungen und Schlaganfall
- Anerkennung des Tabakkonsums als Gesundheitsgefahrenquelle

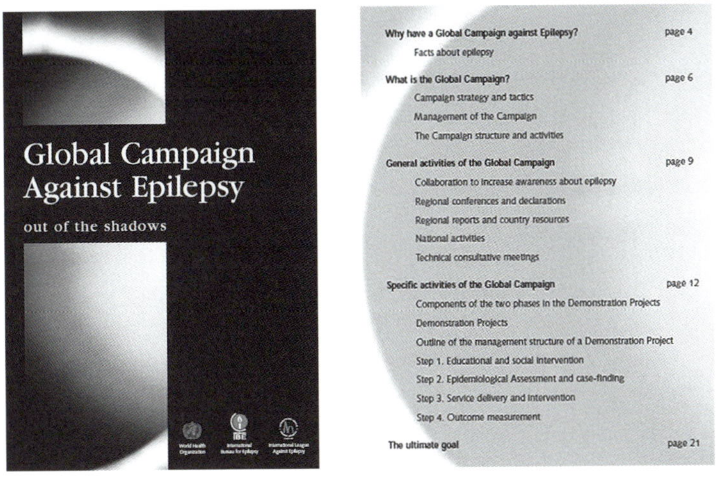

Why have a Global Campaign against Epilepsy? page 4
Facts about epilepsy

What is the Global Campaign? page 6
Campaign strategy and tactics
Management of the Campaign
The Campaign structure and activities

General activities of the Global Campaign page 9
Collaboration to increase awareness about epilepsy
Regional conferences and declarations
Regional reports and country resources
National activities
Technical consultative meetings

Specific activities of the Global Campaign page 12
Components of the two phases in the Demonstration Projects
Demonstration Projects
Outline of the management structure of a Demonstration Project
Step 1. Educational and social intervention
Step 2. Epidemiological Assessment and case-finding
Step 3. Service delivery and intervention
Step 4. Outcome measurement

The ultimate goal page 21

Abbildung 4-1: Titelblatt und Inhaltsübersicht der Broschüre zur Globalen Kampagne gegen Epilepsie *(Global Campaign Against Epilepsy)* der Weltgesundheitsorganisation (WHO). Quelle: s. Linkverzeichnis [16] in Kap. 11, mit freundlicher Genehmigung des GCAE Secretariats, c/o International Bureau for Epilepsy, The Nederlands, vom 17. April 2014.

In Kap. 3.1.2 („Warum arbeitet Public Health interdisziplinär?") haben Sie darüber hinaus bereits eine ganze Reihe grundlegender Fragestellungen kennengelernt, mit denen sich Public Health heute beschäftigt (s.a. Tabelle 3-1). Bei den genannten WHO-Projekten und -Gesundheitskampagnen müssen diese grundlegenden Fragestellungen immer mit berücksichtigt werden.

Die WHO verwendet häufig auch den Begriff der „globalen öffentlichen Gesundheit" **(Global Public Health)**. Er soll deutlich machen, dass die Einflüsse auf die Gesundheit einer Bevölkerung nicht an Ländergrenzen halt machen, was zunehmend auch eine Folge der Globalisierung ist. Public Health muss daher ihr Augenmerk auch immer auf grenzüberschreitende Gesundheitsrisiken (z.B. durch den internationalen Flugverkehr, durch gesundheitsgefährdende Handelswaren oder Umweltveränderungen) richten.

Praxisbeispiel „Ebola-Virus"

Als Anfang 2014 die ersten Fälle von Ebola in dem westafrikanischen Staat Guinea bekannt wurden, war nur wenigen Menschen klar, dass dies der Beginn einer Epidemie war, in deren Verlauf nach Angaben der WHO fast 30.000 Menschen erkranken und mehr als 11.000 Menschen sterben sollten. Die Epidemie breitete sich schon bald auch in den benachbarten Ländern Sierra Leone und Liberia aus, später auch in Nigeria, im Senegal und in Mali. Schließlich wurden erste Fälle außerhalb von Afrika nachgewiesen (September 2014: USA; Oktober 2014: Spanien; Dezember 2014: Großbritannien). Erst im August 2014 erklärte die WHO die Epidemie zum internationalen Gesundheitsnotfall. Es dauerte noch Monate, bis die Ebola-Epidemie dann Anfang 2016 als beendet erklärt werden konnte. Im Hinblick auf die Zahl der Erkrankungs- und Todesfälle handelte es sich um die bisher größte Ebola-Epidemie seit der Entdeckung des gleichnamigen Virus im Jahr 1976. Das Virus stammt ursprünglich aus den tropischen Regenwäldern Zentralafrikas und Südostasiens. Sein natürliches Reservoir sind wahrscheinlich Flughunde, Fledermäuse und Menschenaffen. Die Übertragung des Virus auf den Menschen geschieht z.B. durch das Essen infizierter Tiere (sog. Buschfleisch) oder durch Körperkontakt mit infizierten (kranken oder toten) Tieren. Menschen stecken sich aber v.a. direkt bei anderen Menschen an. Die Mensch-zu-Mensch-Übertragung erfolgt durch direkten Körperkontakt oder durch Kontakt mit den Körperflüssigkeiten (oder Organen) eines infizierten Menschen. Nicht nur die Infektionsgefahr, sondern auch die Sterblichkeit (Letalität) ist bei Ebola mit 50–90 % extrem hoch. Die Gründe dafür, dass sich die Epidemie von 2014/15 nur sehr schwer eindämmen ließ, sind vielfältig. Zum einen traten in West-Afrika bis zu diesem Zeitpunkt nur sporadisch einige wenige Ebola-Fälle auf. Die Bevölkerung hatte daher keine Erfahrung und war nicht über den Umgang mit der Erkrankung aufgeklärt. Teile der ländlichen Bevölkerung leugneten die Existenz der Erkrankung oder sagten, das Virus sei nicht die Ursache der Krankheit, sondern Vergiftung oder Hexerei. Da sie nicht ausreichend über die Infektionswege informiert waren, wurden nicht selten infizierte Angehörige zu Hause versteckt. Starben sie dann, wurde sie meist ohne Schutzmaßnahmen von ihren Angehörigen beerdigt. Auch die medizinische Infrastruktur war (und ist) in weiten Teilen West-Afrikas äußerst mangelhaft. So wurden nicht angemessene Hygienemaßnahmen, fehlende oder unzureichende Schutzausrüstung sowie die hohe Arbeitsbelastung der Helfer als Gründe dafür genannt, dass die Zahl der Infizierten und Toten unter den Beschäftigten im Gesundheitswesen extrem hoch war. Infizierte wurden meist nicht früh genug isoliert. Entscheidend war auch, dass die hohe räumliche Mobilität der Bevölkerung erst sehr spät und nur unzureichend eingeschränkt wurde, sodass infizierte Personen die Erkrankung auch in den Nachbarländern weitergeben konnten. Es gab zahlreiche Stimmen, die der WHO in diesem Fall vorwarfen, nicht schnell und nicht effektiv genug gehandelt zu haben. In der Folge äußerten führende Vertreter der WHO, man habe angesichts des Ausmaßes der Katastrophe anfangs weitgehend versagt. Die Organisation müsse daher grundlegend reformiert werden. (Näheres dazu s. http://www.who.int/csr/disease/ebola/joint-statement-ebola/en/#)

Praxisbeispiel „Zika-Virus"

Ein weiteres Beispiel für grenzüberschreitende Gesundheitsrisiken ist die Verbreitung einer aggressiven Variante des Zika-Virus, das durch Stiche infizierter Mücken übertragen wird. Seit einiger Zeit ist bekannt, dass das Virus auch auf sexuellem Weg von Mensch zu Mensch weitergegeben werden kann. Das Zika-Virus kam **endemisch** ursprünglich nur in Afrika und Südostasien vor. Mittlerweile hat es sich mit den Mücken in weiten Teilen Afrikas, Asiens, Ozeaniens, Süd- und Mittelamerikas ausgebreitet und ist derzeit dabei, u.a. auch den Süden der USA zu erobern. Man vermutet, dass sich das Virus in den letzten Jahren insbesondere in der Folge der globalisierungsbedingten Zunahme des Handels ausbreiten konnte. Aber auch Maßnahmen zur Vorbereitung und Durchführung von Großveranstaltungen in Lateinamerika (z.B. Fußballweltmeisterschaft in Brasilien) sowie die guten Bedingungen für die Ausbreitung infizierter Mücken in den Slums der Großstätte (Favelas) werden ursächlich damit in Verbindung gebracht. Eine Infektion mit dem Zika-Virus führt bei den meisten Menschen nur zu einer leichten, fieberhaften Erkrankung mit Hautausschlag, Kopf-, Gelenk- und Muskelschmerzen. In der Schwangerschaft kann sie jedoch beim ungeborenen Kind eine schwere Fehlentwicklung des Gehirns sowie eine allgemeinen Wachstumsverlangsamung und unter Umständen sogar den Tod des Ungeborenen zur Folge haben. Insbesondere eine Infektion im ersten Drittel der Schwangerschaft kann zu einer **Mikrozephalie** beim Kind führen. Im Februar 2016 erklärte die WHO das gehäufte Auftreten von Mikrozephalie und anderen neurologischen Erkrankungen im (damals noch nicht klar nachgewiesenen) Zusammenhang mit Zika-Virus-Ausbrüchen zu einer „Gesundheitlichen Notlage von internationaler Tragweite" (*Public Health Emergency of International Concern* – PHEIC). Dies bedeutet, dass (1) eine Gefahr für die Gesundheit der Menschen auch in anderen Staaten infolge der internationalen Ausbreitung besteht, und (2) die Situation eine koordinierte internationale Reaktion erfordert. Die von der WHO kontaktierten internationalen Wissenschaftler gehen mittlerweile davon aus, dass es sich tatsächlich um einen ursächlichen (kausalen) Zusammenhang zwischen den Virus-Infektionen und den Schädigungen bei Ungeborenen handelt. Dass der Zusammenhang erst jetzt entdeckt wurde, obwohl das Virus in einigen Gebieten endemisch vorkommt, wird damit erklärt, dass in diesen Regionen viele Bewohner bereits im Kindesalter eine Zika-Virus-Infektion durchleben. Ein Großteil der Frauen ist daher bei der ersten Schwangerschaft schon immun gegen das Virus. Nur wenige ungeborene Kinder sind daher von einer Fehlbildung betroffen. In der Folge der Ausbreitung auf dem amerikanischen Kontinent traf das Virus jedoch auf eine Bevölkerung, die bislang noch keine Gelegenheit hatte, eine Immunität zu entwickeln. Daher kam (und kommt es noch immer) es zu einer deutlichen Zunahme an Fehlbildungen. (Näheres dazu s. https://www.rki.de/SharedDocs/FAQ/Zikavirus/Zikavirus-Infektionen.html und http://www.who.int/mediacentre/news/statements/2016/emergency-committee-zika-microcephaly/en/)

Definition „Endemie"

Ein Endemiegebiet ist eine begrenzte Region oder Population, in dem/der natürlicherweise eine bestimmte (Infektions-)Erkrankung gehäuft vorkommt (Naturherd). Dort ist die Prävalenz der Erkrankung in etwa gleichbleibend hoch, und zwar höher als in anderen Regionen oder Populationen.

Definition „Mikrozephalie"

Der Begriff „Mikrozephalie" bedeutet „zu kleiner Kopf". Es gibt zahlreiche Gründe für die Entstehung einer Mikrozephalie. So kann es beispielsweise bei einer Infektion des Ungeborenen mit dem Zika-Virus zu einer solchen Hemmung der Hirnentwicklung kommen. Die Mikrozephalie geht häufig mit einer schweren kognitiven Entwicklungsstörung (Intelligenzminderung) einher.

Obwohl sich Public Health in erster Linie mit der Gesundheit von Personen- und Bevölkerungsgruppen bzw. ganzen Bevölkerungen beschäftigt, darf der einzelne Mensch bei dieser Betrachtung nicht in den Hintergrund treten. Public Health muss immer auch die individuelle Ebene mit im Blick behalten, da bevölkerungsbezogene Maßnahmen stets auch Auswirkungen auf die betroffenen Personen haben (Mehrebenen-Betrachtung).

Im Hinblick auf die Fragestellungen, mit denen sich Public Health beschäftigt, unterscheiden einige Public-Health-Fachleute auch zwischen Old Public Health und New Public Health:

- Sie bezeichnen als **Old Public Health** (oder **Public Health Medicine**) den Teil von Public Health, der sich mit der gesundheitlichen Versorgung von Problemgruppen und der Durchführung von präventiven Maßnahmen in diesem Bereich beschäftigt. Hierbei spielen Hygiene, Epidemiologie und Sozialwissenschaften eine große Rolle.
- Unter **New Public Health** verstehen sie dagegen gesundheitspolitische Maßnahmen *(The Promotion of Health)*, deren Ziel es ist, **Gesundheitsdeterminanten** positiv zu beeinflussen, um so ein Mehr an Gesundheit in der Bevölkerung und eine gerechteren Verteilung von Gesundheitschancen zu erreichen.

Definition „Gesundheitsdeterminanten" (Social Determinants of Health)
Faktoren der Lebens- und Arbeitsbedingungen sowie der Lebensweisen der Menschen, die die Gesundheit maßgeblich beeinflussen.

Public-Health-Fachleute und Gesundheitswissenschaftler arbeiten heute u.a. in folgenden Bereichen:

- Einrichtungen der Gesundheitsversorgung (Kliniken, Pflegeeinrichtungen etc.)
- Einrichtungen der öffentlichen Verwaltungen, insbesondere im Öffentlichen Gesundheitsdienst (ÖGD) und in staatlichen Einrichtungen zur Steuerung des Gesundheitswesens (Ministerien, Bundes- und Landesbehörden, Bundesversicherungsamt, Bundeszentrale für gesundheitliche Aufklärung etc.)
- Organisationen und Einrichtungen der gemeinsamen Selbstverwaltung in der Sozialversicherung (v.a. der gesetzlichen Krankenversicherung)
- Universitäten und Fachhochschulen und anderen Bildungseinrichtungen
- internationalen Organisationen (WHO, EU, UN etc.), Institutionen für internationale Zusammenarbeit und anderen NGOs[17]
- öffentlichen und privaten Unternehmen (z.B. in der Betrieblichen Gesundheitsförderung)
- Verbänden (v.a. im Sozial- und Gesundheitswesens, aber u.a. auch im Umweltbereich)
- Kommunikation/Medien

17 *NGO:* Nichtregierungsorganisation *(Non-Governmental Organization).*

Aufgabe 6

1. Nennen Sie bitte eine Public-Health-Maßnahme, die Sie als ausgebildeter Public-Health-Experte in Ihrem Arbeits- oder Studienbereich planen und durchführen könnten.
2. Welche Fragen müssten Sie sich bei der Planung und Durchführung dieser Maßnahme stellen?
3. Aus welchen Fachdisziplinen wäre Wissen nötig, um diese Fragen zu beantworten?
4. Wen müssten Sie in die Planung der Maßnahme einbeziehen?

5 Public-Health-Programme auf internationaler und nationaler Ebene

Sie haben im vorangegangenen Kapitel gehört, dass Public-Health-relevante Probleme nicht an Staatengrenzen Halt machen. Viele unserer gesundheitspolitischen Entscheidungen werden deshalb heute z. B. auf europäischer Ebene getroffen.

5.1 Public-Health-Programme auf internationaler Ebene

Die Anstöße dazu kommen oft von der Weltgesundheitsorganisation (WHO), einer Sonderorganisation der Vereinten Nationen (United Nations, UN) mit Sitz in Genf (Schweiz). Zu ihren Aufgaben als Koordinationsbehörde für das internationale öffentliche Gesundheitswesen gehört die weltweite Erhebung/Analyse von Gesundheits- und Krankheitsdaten. Sie unterstützt die so genannten Entwicklungsländer beim Aufbau ihrer Gesundheitssysteme. Darüber hinaus koordiniert sie zahlreiche nationale und internationale Aktivitäten. Hierzu gehören z. B. globale Impfprogramme und Programme zur Bekämpfung von Infektionskrankheiten, aber auch Programme gegen Rauchen oder Übergewicht.

5.1.1 Globale Impfprogramme

Das erste globale Impfprogramm, das die WHO initiierte und von 1967 bis 1977 gemeinsam mit den nationalen Stellen durchführte, hatte die Ausrottung der **Pocken** zum Ziel. Als Folge dieses konsequenten Impfprogramms sind seit 1977 keine neuen Pockenfälle mehr aufgetreten. Die WHO hat daher die Welt 1980 für pockenfrei erklärt.

Seit 1988 steht die globale Ausrottung der **Kinderlähmung** (Polio) auf dem Programm der WHO. Inzwischen gelten drei der sechs WHO-Regionen als poliofrei. Hierzu gehören neben der WHO-Region Europa (poliofrei seit dem 21.06.2002) auch Amerika und der Westpazifik. Am 14. Januar 2014 erklärte sich auch Indien nach massiven Impfanstrengungen als poliofrei. In Afrika, dem Nahen Osten und Süd-Ost-Asien kommt es jedoch trotz steigender Impfzahlen immer wieder zu kleineren Polio-Ausbrüchen. Ein großes Problem sind in einigen Ländern die terroristischen Attacken auf Impfeinrichtungen und Impfteams (etwa von Islamisten, die hinter den Impfkampagnen eine Verschwörung zur Sterilisierung von Muslimen vermuten). Da die Kinderlähmung bislang noch nicht ausgerottet wurde, ist es wichtig, auch weiterhin in den poliofreien Gebieten zu impfen, weil die Gefahr besteht, dass z. B. ungeimpfte Touristen das Virus in ihre Heimatländer einschleppen (wie z. B. 1992/93 in den Niederlanden geschehen).

Praxisbeispiel „Polio“

In Westeuropa ereignete sich die letzte Polio-Epidemie im Jahre 1992. Betroffen waren Mitglieder von fundamentalistisch-calvinistischen Gemeinden im so genannten Bibelgürtel der Niederlande. Die Menschen dort lehnen Impfungen aus religiösen Gründen ab. Auch in Deutschland gab es bis in die 1960er-Jahre hinein immer wieder Polio-Epidemien. So wurden in der Bundesrepublik Deutschland (BRD) 1952 insgesamt 9.517 Polio-Fälle gemeldet, 745 Menschen starben an der Infektion. Der deutsche Name „Kinderlähmung“ (*Poliomyelitis*) zeigt, dass sich ein Großteil der Bevölkerung bereits im Kindes- und Jugendalter mit dem Virus infizierte. Durchschnittlich starben etwa 10 % der Betroffenen. Waren die muskelsteuernden Nervenzellen des Rückenmarks betroffen, hatte dies oft bleibende Lähmungserscheinungen an Arme oder Beine zur Folge. Allein zwischen 1955 und 1961 behielten in der BRD mehr als 10.000 Menschen Lähmungen nach einer Polioerkrankung zurück. Auch Gehirnschäden traten auf. Erst die Einführung der Polio-Schluckimpfung in der BRD führte dort im Jahr 1962 zu einem drastischen Rückgang der Polio-Fälle. In der DDR gab es die Schluckimpfung bereits seit 1960. (Näheres s. https://www.rki.de/DE/Content/InfAZ/P/Polio/Polio.html)

Als weiteres Ziel hatte die WHO die weltweite Ausrottung der **Masern** bis zum Jahr 2000 angekündigt. Zwar konnte man anfangs v. a. in zahlreichen europäischen Ländern eine deutliche Abnahme der Krankheits- und Todesfälle registrieren, inzwischen gab es jedoch erhebliche Rückschläge. Auch das Ziel, die Masern in Europa bis 2010 auszurotten, konnte nicht eingehalten werden. Der Hauptgrund dafür, dass z. B. in Deutschland, Österreich und der Schweiz immer wieder Masern-Epidemien auftreten, ist, dass Eltern ihre Kinder nicht impfen lassen (Impfgegner). Bislang sind nur Amerika und Skandinavien masernfrei (s. Zahl der Masernfälle in der WHO-Region Europa, unterschieden nach Ländern, im Zeitraum von Oktober 2012 bis September 2013; Abbildung 5-1).

Praxisbeispiel „Masern“

In Deutschland kommt es immer wieder zu Masern-Ausbrüchen. Einen großen Ausbruch gab es in Berlin in den Jahren 2014/2015 mit ca. 1.360 registrierten Fällen zwischen Oktober 2014 und Spätsommer 2015. Im Januar 2015 wurden hier die höchsten wöchentlichen Meldezahlen für Masern seit Einführung der Meldepflicht (2001) verzeichnet Die Masern

WHO EpiData

World Health Organization Europe

A monthly summary of the epidemiological data on selected vaccine-preventable diseases in the European Region

Monthly summary table 1: Reported measles cases for the 12-month period Oct 2012 - Sep 2013 (data as of 06 November 2013)

Country	Total Population[1]	Incidence Rate per 1 million population Oct 12-Sep 13	Total measles cases Oct 12-Sep 13	2012-2013 (Year and month of rash onset)												Month of last report 2012-2013
				Oct	Nov	Dec	Jan	Feb	Mar	Apr	May	Jun	Jul	Aug	Sep	
Albania	3 238 959	0	0	0	0	0	0	0	0	0	0	0	0	0	0	Sep
Andorra	67 704	0	0	0	0	0	0	0	0	0	0	0	0	0	-	Aug
Armenia	3 116 607	3.5	11	0	0	-	0	0	0	0	5	3	1	2	0	Sep
Austria	8 432 566	7.0	59	2	0	0	4	8	8	13	10	4	2	4	4	Sep
Azerbaijan	9 523 077	30.8	293	0	0	0	16	18	28	13	72	95	48	0	3	Sep
Belarus	9 503 385	0.7	7	0	0	0	0	1	1	1	0	2	1	1	0	Sep
Belgium	10 801 368	5.4	58	4	8	3	3	2	6	7	11	5	3	3	3	Sep
Bosnia and Herzegovina	3 736 568	-	-	-	-	-	-	-	-	-	-	-	-	-	-	No Report
Bulgaria	7 350 986	2.0	15	0	0	-	0	0	0	0	6	9	0	0	0	Sep
Croatia	4 378 643	0.2	1	0	0	0	0	0	0	0	0	0	0	1	0	Sep
Cyprus	1 140 285	0	0	0	0	0	0	0	0	0	0	0	0	0	0	Sep
Czech Republic	10 573 470	1.3	14	0	0	0	0	8	2	1	3	0	0	0	0	Sep
Denmark	5 607 702	3.0	17	0	0	0	3	0	8	6	0	0	0	0	0	Sep
Estonia	1 338 490	2.2	3	0	1	0	0	0	2	0	0	0	0	0	0	Sep
Finland	5 413 974	0.4	2	0	0	0	0	0	0	1	0	1	0	0	0	Sep
France	63 742 992	4.8	306	25	27	17	26	22	23	46	37	34	25	12	12	Sep
Georgia	4 278 919	1743.2	7459	0	0	3	4	53	591	1974	2435	1516	658	155	70	Sep
Germany	81 788 064	20.3	1664	3	8	2	10	16	60	177	536	355	262	151	84	Sep
Greece	11 441 413	0.3	3	0	0	1	2	0	0	0	0	0	0	0	0	Sep
Hungary	9 932 038	0.1	1	0	0	0	0	0	1	0	0	0	0	0	0	Sep
Iceland	331 528	0	0	0	0	-	0	0	-	0	0	0	-	0	0	Sep
Ireland	4 628 791	8.4	39	5	0	1	1	3	0	5	10	7	2	4	1	Sep
Israel	7 801 150	7.3	57	0	0	0	2	18	21	12	0	1	-	1	2	Sep
Italy	60 961 372	28.6	1745	73	12	21	396	48	103	185	304	321	189	66	27	Sep
Kazakhstan	16 552 683	4.5	75	-	-	55	0	0	0	0	-	9	4	5	2	Sep
Kyrgyzstan	5 515 034	0	0	-	-	-	0	-	0	0	0	-	-	-	-	May
Latvia	2 225 816	0	0	0	0	0	0	0	0	0	0	0	0	0	0	Sep
Lithuania	3 280 161	0	0	0	0	0	-	-	-	-	-	-	-	-	-	No Report**
Luxembourg	528 286	0	0	0	-	-	-	-	0	-	0	0	0	0	0	Sep
Malta	420 515	4.8	2	0	-	-	0	0	0	0	2	0	0	0	-	Aug
Monaco	38 659	0	0	-	-	-	-	-	-	-	-	-	-	-	-	No Report
Montenegro	633 200	0	0	0	-	-	0	0	0	0	0	0	0	0	0	Sep
Netherlands	16 749 476	75.3	1262	0	0	0	1	4	10	5	18	292	694	238	0	Sep
Norway	4 984 475	1.6	8	0	0	0	0	0	1	0	1	6	0	0	0	Sep
Poland	38 317 684	2.4	93	1	9	6	5	9	14	11	15	20	3	0	0	Sep
Portugal	10 694 259	0	0	0	0	0	0	0	0	0	0	0	0	0	0	Sep
Republic of Moldova	3 504 756	7.7	27	0	0	0	0	0	0	0	1	10	5	11	0	Sep
Romania	21 343 840	93.7	2000	368	331	269	207	219	181	146	80	105	59	26	9	Sep
Russian Federation	142 512 768	5.8	827	6	6	5	18	40	75	156	215	107	49	84	66	Sep
San Marino	29 625	-	-	-	-	-	-	-	-	-	-	-	-	-	-	No Report
Serbia	9 827 512	0	0	0	0	0	0	0	-	0	0	0	0	0	0	Sep
Slovakia	5 486 391	0	0	0	0	0	0	0	0	0	0	0	0	0	0	Sep
Slovenia	2 043 666	0.5	1	0	0	0	0	0	0	0	0	0	1	0	0	Sep
Spain	46 949 824	3.0	140	10	3	3	5	15	13	15	15	18	31	8	4	Sep
Sweden	9 532 211	5.5	52	0	0	1	5	13	4	0	11	15	3	0	0	Sep
Switzerland	7 753 209	24.9	193	1	2	2	10	5	6	8	9	49	57	35	9	Sep
Tajikistan	7 190 283	0.6	4	0	0	0	0	0	0	0	0	-	0	4	0	Sep
The former Yugoslav Republic of Macedonia	2 068 552	1.9	4	0	0	1	0	1	1	0	1	0	-	0	0	Sep
Turkey	75 356 656	102.6	7735	36	70	514	586	1114	1466	1313	1266	857	377	89	47	Sep
Turkmenistan	5 232 704	0	0	-	-	-	0	0	0	0	0	0	0	0	-	Aug
Ukraine	44 722 880	62.5	2797	143	263	236	419	386	241	252	266	257	138	47	149	Sep
United Kingdom	63 162 324	37.4	2360	152	224	115	276	271	361	483	237	126	81	21	13	Sep
Uzbekistan	28 429 936	0	0	-	-	0	0	0	0	0	0	0	-	0	0	Sep
Total/Averages	**904 217 436**	**32.44**	**29334**	**829**	**964**	**1255**	**1999**	**2274**	**3227**	**4830**	**5566**	**4224**	**2693**	**968**	**505**	

[1] *Source:* "World Population Prospects: The 2010 Revision", New York, United Nations and updates provided by Member States.

** No monthly case-based data reported. Cumulative number of cases for this period is reported (summary table 3)

The WHO Regional Office for Europe uses date of rash onset to classify cases in time; in tables 1 to 4 cases are classified by the month when they occurred. These monthly totals may differ if other time-related variables (e.g. date of reporting) are used. Therefore, Member States and other partner agencies producing similar summaries using dates other than date of rash onset may report different numbers.

No. 9/2013

Abbildung 5-1: Zahl der Masernfälle in der WHO-Region Europa, unterschieden nach Ländern, im Zeitraum von Oktober 2012 bis September 2013. Quelle: s. Linkverzeichnis [17] in Kap. 11, mit freundlicher Genehmigung der WHO Europe vom 24.06.2014.

sind hochansteckend. Das Virus verbreitet sich von Mensch zu Mensch durch Tröpfcheninfektion. Neben Fieber, Husten und Schnupfen kommt es zu einem charakteristischen roten Hautausschlag. Schwere Komplikationen sind Gehirn- und Hirnhautentzündungen. Aber auch Lungenentzündungen und Mittelohrentzündungen kommen vor. Krankheitsverläufe mit den genannten Komplikationen treten vor allem bei Säuglingen und Erwachsenen (≥ 20 Jahre) auf. Besonders gefürchtet ist die *subakute sklerosierende Panenzephalitis* (SSPE), eine chronische Masern-Gehirn- und -Hirnhautentzündung, die nach Infektionen im Säuglings- und Kleinkindalter vorkommt. Die Erkrankung setzt in der Regel 4 bis 10 Jahre nach der Maserninfektion ein und führt immer zum Tod der Betroffenen. Pro Jahr sterben in Deutschland zwei bis sechs Kinder an SSPE.

Der Ausbruch in Berlin im Herbst 2014 konnte auf Asylsuchende aus Bosnien und Herzegowina zurückgeführt werden. In ihrem Heimatland gab es seit Februar 2014 eine landesweite Masern-Epidemie. Waren daher anfangs ausschließlich Asylsuchende infiziert, konnte sich das Virus ab Dezember 2014 dann in der ortsansässigen Berliner Bevölkerung ausbreiten. Eine zweite Ausbreitungswelle ging später von einem Reisenden aus Südostasien aus, der Anfang März in einem Berliner Hotel wohnte. Der Grund für die immer wieder auftretenden Masern-Ausbrüche liegt im unzureichenden Impfschutz der Bevölkerung. Nach Angaben des Berliner *Landesamtes für Gesundheit und Soziales* (LAGeSo) waren bei diesem Ausbruch zuerst vor allem Erwachsene ohne Impfschutz betroffen. Nicht geimpfte Erwachsene gaben das Virus dann besonders häufig an Kleinkinder weiter. In den letzten Jahren ist der Anteil der Mütter angestiegen, die über keinen oder nur einen geringen Impfschutz verfügen. Diese Mütter können ihren Säuglingen nur wenige oder gar keine Masern-Antikörper für die ersten Lebensmonate mitgegeben. Da Kleinkinder aber erst nach dem 11. Lebensmonat gegen Masern geimpft werden können und viele Kleinkinder ihre erste Masern-Mumps-Röteln-Impfung zudem zu spät erhalten, reicht der von der Mutter erhaltene Impfschutz nicht aus. Die Folge ist, dass – wie im Berliner Fall – besonders viele Säuglinge und Kleinkinder erkrankten. (Näheres s. https://www.rki.de/DE/Content/Infekt/Impfen/Praevention/elimination_04_01.html und http://www.aerzteblatt.de/nachrichten/55190)

Das **Regionalbüro für Europa der WHO** (WHO Europe) mit Sitz im dänischen Kopenhagen bietet den nationalen Impfprogrammen Ratgeber an, die sie dabei unterstützen sollen, passende, maßgeschneiderte Impfprogramme (Tailoring Immunization Programmes, TIP) für das jeweilige Land zu entwickeln. Mit diesem Instrument sollen anfällige Bevölkerungsgruppen identifiziert und bestehende Impfbarrieren überwunden werden. Ziel ist die Erhöhung der Durchimpfungsraten unter Säuglingen und Kleinkindern.

5.1.2 Andere WHO-Programme

Rauchen

Tabakrauchen ist einer der größten **Risikofaktoren** für nicht übertragbare Krankheiten *(Noncommunicable Diseases,* NCDs) wie **Herz-Kreislauf-Erkrankungen** oder **bösartige Tumoren.** 63 % aller Todesfälle weltweit werden durch solche nicht übertragbaren Erkrankungen verursacht. Mehr als 600.000 Menschen sterben jährlich als Folge des Passivrauchens. Die WHO spricht daher von einer „Globalen Tabakepidemie" und entwickelt schon seit vielen Jahren immer wieder neue Programme zur Bekämpfung des Tabakrauchens. Sie hat deshalb auch das „Rahmenübereinkommen zur Eindämmung des Tabakgebrauchs" (Framework Convention on Tobacco Control) formuliert, das 2005 in Kraft getreten ist. Hierin definiert sie die Grundsätze und Maßnahmen, die weltweit für den Umgang mit Tabak und Tabakwaren gelten sollen. Diese grundsätzlichen Maßnahmen wurden mit dem Kürzel **MPOWER** zusammengefasst (s. Tabelle 5-1, s. Abbildung 5-2).

Tabelle 5-1: Bedeutung der Buchstaben im Kürzel MPOWER.

M	Monitoring	steht für die regelmäßige Erfassung des Tabakkonsums bei Jugendlichen und Erwachsenen
P	Protecting	steht für die Schaffung einer rauchfreien Umgebung
O	Offering Help	steht für die Stärkung von Tabakentwöhnungsprogrammen
W	Warning	steht für die Warnung auf Verpackungen und für Informationskampagnen
E	Enforcing	steht für das Verbot von Werbung und Sponsoring
R	Raising	steht für die Erhöhung von Steuern auf Tabakwaren und die Eindämmung des Schmuggels

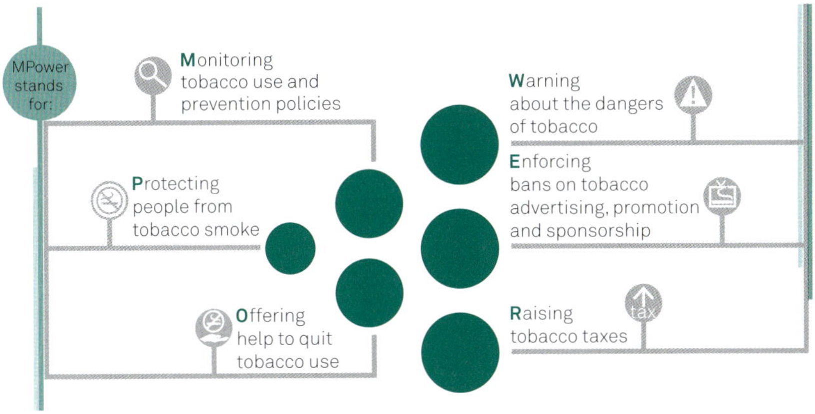

Abbildung 5-2: Erläuterung des Begriffs MPOWER in der WHO-Broschüre *MPOWER in action – Defeating the global tobacco epidemic* (2013). Quelle: s. Linkverzeichnis [18] in Kap. 11, mit freundlicher Genehmigung der WHO vom 03. April 2014.

Praxisbeispiel „Rauchen“

Im Jahr 2013 starben in Deutschland etwa 121.000 Menschen an den Folgen des Rauchens. Bereits Anfang des 20. Jahrhunderts gab es Berichte über die Gefahren des Tabakrauchens. Die ersten großen Untersuchungen hierzu wurden dann in den 1950er Jahren in den USA durchgeführt. Von Anfang an versuchte die Tabak-Industrie, diese wissenschaftlichen Untersuchungen in ihrem Sinne zu beeinflussen. Daher war es – trotz der offensichtlichen Folgen des Zigarettenkonsums – über lange Zeit sehr schwierig, den wissenschaftlichen Nachweis dazu zu führen. Mittlerweile ist klar, dass Rauchen der Hauptrisikofaktor für Lungenkrebs ist. Etwa 80 % der Lungenkrebs-Todesfälle sind auf das Rauchen zurückzuführen. Aber auch andere bösartige Tumore können durch Rauchen hervorgerufen werden. Außerdem steigt bei Rauchern u.a. auch das Risiko für Herz-Kreislauf-Erkrankungen an. Je früher mit dem Rauchen begonnen wird und je mehr Zigaretten täglich geraucht werden, desto höher ist das Risiko für Folgeerkrankungen wie Lungenkrebs. In Deutschland ist der Lungenkrebs bei den Männern seit den 1960er Jahren die häufigste Krebs-Todesursache. Frauen rauchten in früheren Jahrzehnten deutlich seltener als Männer. Daher starben sie auch wesentlich seltener an Lungenkrebs. Erst ab den 1970er/1980er Jahren nahm die Zahl der Raucherinnen stark zu. Ende der 1990er Jahre waren etwa die Hälfte der jungen Erwachsenen in Deutschland Raucher. Eine der Folgen des Rauchverhaltens in früheren Jahrzehnten ist, dass nun seit 2015 der Lungenkrebs auch bei den Frauen die häufigste Krebstodesursache ist. Ausgehend von einem hohen Niveau, ging die Zahl der Raucher bei den Männern bereits seit Ende der 1970er Jahre zurück. Bei den Frauen konnte dagegen erst ab 2003 ist ein leichter Rückgang des Zigarettenkonsums verzeichnet werden. Daher ist noch viele Jahre mit hohen Lungenkrebs-Raten zu rechnen. Zumindest zum Teil kann der Rückgang auf Anti-Rauch-Kampagnen, höhere Tabaksteuern und eine eingeschränkte Tabakwerbung zurückgeführt werden. Mittlerweile gibt es auch den Nachweis darüber, dass Personen, die mit dem Rauchen aufhören, die gesundheitsgefährdende Entwicklung zumindest teilweise rückgängig machen können. Je früher dies geschieht, desto stärker kann sich das Risiko-Niveau dem von Nichtrauchern angleichen. (Näheres s. http://www.rki.de/DE/Content/Gesundheitsmonitoring/Themen/Rauchen/Rauchen_node.html)

Übergewicht und Adipositas

Neben Tabakrauchen ist Übergewicht bzw. **Adipositas**[18] heute ein weiterer großer Risikofaktor für nicht übertragbare Krankheiten *(Noncommunicable Diseases,* NCDs) wie **Diabetes mellitus, Herz-Kreislauf-Erkrankungen** oder **bösartige**

18 *Adipositas:* starkes Übergewicht mit krankhaften Auswirkungen.

Tumoren. Nach Angaben der WHO stellt die globale Belastung und Bedrohung durch nicht übertragbare Krankheiten eine große gesundheitspolitische Herausforderung dar, die die soziale und wirtschaftliche Entwicklung in der ganzen Welt behindert. Darüber hinaus haben diese Erkrankungen u.a. auch eine erhebliche Auswirkung auf die weiter zunehmende Ungleichheit zwischen den einzelnen Ländern und innerhalb von Populationen. Ein Grund hierfür ist, dass die Zahl der übergewichtigen und adipösen Menschen vor allem in Ländern mit mittlerem und niedrigem Durchschnittseinkommen sowie in städtischen Gebieten weiterhin sehr stark ansteigt. Auch in den USA werden beispielsweise die Kinder armer Eltern im Durchschnitt immer dicker, während dieser Trend bei den Kindern wohlhabenderer Eltern inzwischen gestoppt scheint.

Praxisbeispiel „Adipositas"

Als Antwort auf die weltweite, von der WHO als epidemieartig bezeichnete Zunahme der Adipositas wurden in den letzten Jahren sowohl national als auch international zahlreiche Maßnahmen ergriffen, die diesem ständigen Fortschreiten Einhalt gebieten sollten. Doch insbesondere in den ärmeren Bevölkerungsschichten nimmt die Zahl der übergewichtigen Menschen weiter zu. Was sind die Gründe dafür, dass immer mehr Menschen übergewichtig werden? Man kann davon ausgehen, dass Übergewicht immer dann entsteht, wenn die Energiezufuhr eines Organismus – in Form von Nahrung – höher ist als sein Energiebedarf. Unter entwicklungsgeschichtlichen Gesichtspunkten stellt die Fähigkeit, die mit der Nahrung aufgenommene, derzeit nicht benötigte Energie in Form von Fett zu speichern, ein Überlebensvorteil dar. Menschen, deren genetische Ausstattung dies besonders gut erlaubt, waren daher über weite Strecken der Menschheitsgeschichte im Vorteil, da sie mit dieser Energiereserve längere Perioden des Nahrungsmangels überbrücken konnten. Solche Zeiten der Nahrungsmittelknappheit waren während unserer Entwicklungsgeschichte bis ins letzte Jahrhundert hinein für weite Teile der Weltbevölkerung eher die Regel als die Ausnahme. Auch gegenwärtig sind Hunger und Unterernährung in vielen Teilen der Welt noch immer ein großes Problem. Doch seit dem Beginn der industriellen Revolution haben v.a. tiefgreifende soziale Veränderungen, Veränderungen im Nahrungsmittelangebot und Veränderungen im menschlichen Verhalten dazu geführt, dass die Zahl übergewichtiger Menschen in den betroffenen Ländern stark zugenommen hat. Die Ausbreitung städtischer Lebensformen führte neben der voranschreitenden Industrialisierung und Modernisierung zu einem Anstieg der Einkommen in weitern Schichten der Bevölkerung. In den letzten Jahrzehnten hat die Globalisierung der Nahrungsmittelmärkte zudem dazu geführt, dass für viele Menschen mit entsprechendem Einkommen jahreszeitenunabhängig ein zuvor unvorstellbar breites Angebot an Nahrungsmitteln allzeit verfügbar wurde. Parallel dazu – und durch die sozialen Veränderungen mit beeinflusst – kam es zu Änderungen im menschlichen Verhalten. Männer, Frauen und Kinder mussten immer weniger an körperlich schwerer Arbeit verrichten. Ihr Energiebedarf sank dadurch in erheblichem Ausmaß. Heute verbringen viele Menschen zudem immer mehr Zeit mit passiven Freizeitbeschäftigungen (wie z.B. Computerspielen). Unsere genetisch festgelegte, in Zeiten des Nahrungsmangels sinnvolle Vorliebe für hochkalorische fett- und zuckerreiche Nahrung blieb jedoch bestehen. Dies führt bei entsprechendem Angebot dazu, dass zu große Mengen dieser Nahrungsmittel gegessen werden. Die Nahrungsmittelindustrie unterstützt diesen Trend. Industriell verarbeitete Speisen ersetzen zunehmend naturbelassene Nahrungsmittel. Sie enthalten meist hohe Anteile an Fett und Zucker sowie viel zu viel Salz. Parallel dazu werden oft stark zuckerhaltige Softdrinks in zu großen Portionen konsumiert. Anders als früher, als sich weite Teile der Weltbevölkerung vorwiegend von pflanzlicher Nahrung mit einem hohen Anteil komplexer Kohlenhydrate (Vollkorn, Hülsenfrüchte etc.) ernährten, essen heute weite Teile der Bevölkerung auch immer mehr Fleisch – und damit auch tierisches Fett. All das trägt dazu bei, dass die Zahl an übergewichtigen Menschen weltweit noch immer ansteigt. (Näheres zur Situation in Deutschland s. http://www.rki.de/DE/Content/Gesundheitsmonitoring/Themen/Uebergewicht_Adipositas/Uebergewicht_Adipositas_node.html)

Nachdem die WHO ungesunde Ernährung und Bewegungsmangel als die beiden Hauptrisikofaktoren für die Entstehung von Übergewicht/Adipositas erkannt hatte, verabschiedete sie im Mai 2004 eine neue Strategie unter dem Titel *Diet and physical activity: a public health priority*. Ihr Ziel sollte es sein, die Zahl der Todesfälle und Krankheiten aufgrund von Übergewicht/Adipositas weltweit durch die Verbesserung der Ernährung und vermehrte körperliche Aktivität zu reduzieren. Dazu entwickelte man Empfehlungen, die sich an die WHO-Mitgliedstaaten, die verschiedenen Organisationen der WHO, an andere internationale Partner, die Privatwirtschaft, nicht staatliche Organisationen und die Bevölkerung der einzelnen Länder richtete. Parallel dazu verpflichteten sich die Staats- und Regierungschefs der Länder der Vereinten Nationen (UN) mit einer politischen **Erklärung zur Verhütung und Bekämpfung nicht übertragbarer Krankheiten** (Resolution A/RES/66/2), in ihren Staaten die Belastung der Bevölkerung durch ungesunde Ernährung und körperliche Inaktivität zu reduzieren.

Im Jahr 2013 bestätigte die Weltgesundheitsversammlung den **Global Action Plan 2013–2020 NCD**, der eine Reihe von Maßnahmen zu gesunder Ernährung und körperlicher Aktivität für die Mitgliedstaaten (s. Abbildung 5-3), die internationalen Partner und das WHO-Sekretariat vorsieht. Er umfasst neun freiwillige globale Ziele, die bis zum Jahr 2025 erreicht werden sollen. Hierzu gehören auch eine verbesserte Ernährung und die vermehrte körperliche Aktivität in der Bevölkerung (Resolution WHA 66.10).

Abbildung 5-3:
Titelseite der WHO-Broschüre *The challenge of obesity in the WHO European Region and the strategies for response* (2007). Mit freundlicher Genehmigung der WHO Europe.
Quelle: s. Linkverzeichnis [19] in Kap. 11.

5.2 Public-Health-Programme auf nationaler Ebene

Neben den Gesundheitsprogrammen auf internationaler Ebene werden auch Programme auf nationaler Ebene durchgeführt. Angestoßen werden diese Programme vor allem durch die Weltgesundheitsorganisation (WHO), durch Regionalbüros der WHO, die Europäische Union (EU) und nationale Gesundheitsbehörden. Auch hier steht die Bekämpfung von häufig vorkommenden übertragbaren und nicht übertragbaren Erkrankungen wie AIDS, Diabetes mellitus, Depressionen, Herzinfarkt und Tuberkulose im Vordergrund, darüber hinaus aber auch wichtige Risikofaktoren wie Rauchen und Übergewicht.

5.2.1 Nationale Gesundheitsziele in Deutschland

Der Kooperationsverbund *gesundheitsziele.de* entwickelt unter Beteiligung von Bund, Ländern und anderen Akteuren der Selbstverwaltung des Gesundheitswesens für Deutschland eigene Gesundheitsziele und empfiehlt Maßnahmen, um diese Ziele zu erreichen. Im Kooperationsverbund sind mehr als 120 Organisationen des deutschen Gesundheitswesens organisiert. Vertreten sind dabei u. a. Politik, Kostenträger, Leistungserbringer, Selbsthilfe- und Patientenorganisationen, Wissenschaft und Forschung.

„**Gesundheitsziele**" sind Vereinbarungen, die durch die genannten Akteure im Gesundheitssystem getroffen werden. Ihr übergeordnetes Ziel ist die Verbesserung der Gesundheit der Bevölkerung – meist in definierten Bereichen oder für bestimmte Gruppen. Bei der Formulierung und Umsetzung der Ziele folgen die Akteure dem Aktionszyklus *gesundheitsziele.de* (s. Abbildung 5-4). Dabei werden auf der Grundlage gesicherter Erkenntnisse für ausgewählte Zielbereiche Emp-

Abbildung 5-4: Aktionszyklus *gesundheitsziele.de*. Quelle: s. Linkverzeichnis [20] in Kap. 11, mit freundlicher Genehmigung der Gesellschaft für Versicherungswirtschaft und -gestaltung e.V. / gesundheitszielde.de vom 04. April 2014; s.a. Linkverzeichnis [21] in Kap. 11.

fehlungen formuliert und Maßnahmenkataloge erstellt. Die Gesundheitsziele sollen einen gemeinsamen Handlungsrahmen bilden und planmäßiges Handeln sowie Transparenz unterstützen. In der Regel greift man auf bereits vorhandene Strukturen zurück, die Einfluss auf die Gesundheit der Bevölkerung und die Krankenversorgung haben. Sie sollen dann im Rahmen der Umsetzung und Evaluation[19] der jeweiligen Gesundheitsziele verbessert werden.

Seit dem Jahr 2000 hat der Kooperationsverbund *gesundheitsziele.de* acht nationale Gesundheitsziele entwickelt:

1. Diabetes mellitus Typ 2: Erkrankungsrisiko senken, Erkrankte früh erkennen und behandeln (2003)
2. Brustkrebs: Mortalität vermindern, Lebensqualität erhöhen (2003)
3. Tabakkonsum reduzieren (2003)
4. Gesund aufwachsen: Lebenskompetenz, Bewegung, Ernährung (2003; Aktualisierung 2010)
5. Gesundheitliche Kompetenz erhöhen, Patientensouveränität stärken (2003; Aktualisierung 2011)
6. Depressive Erkrankungen: verhindern, früh erkennen, nachhaltig behandeln (2006)
7. Gesund älter werden (2012)
8. Alkoholkonsum reduzieren (2015)

Im Rahmen des Nationalen Gesundheitsziels „Gesund älter werden" haben auch die Bundesländer Zielprogramme oder vorrangige Handlungsfelder entwickelt. In drei Handlungsfeldern wurden insgesamt dreizehn Ziele formuliert und dazu Teilziele und Maßnahmenvorschläge festgelegt. Tabelle 5-2 zeigt die fünf Ziele des Handlungsfelds I: „Gesundheitsförderung und Prävention: Autonomie erhalten".

19 *Evaluation:* sach- und fachgerechte Bewertung.

Tabelle 5-2: Nationales Gesundheitsziel „Gesund älter werden". Die fünf Ziele des Handlungsfelds I: „Gesundheitsförderung und Prävention: Autonomie erhalten".

Ziel 1	Die gesellschaftliche Teilhabe älterer Menschen ist gestärkt. Mangelnde Teilhabe und Isolation werden erkannt und gemindert
Ziel 2	Gesundheitliche Ressourcen und die Widerstandskraft älterer Menschen sind gestärkt und ihre gesundheitlichen Risiken gemindert
Ziel 3	Körperliche Aktivität und Mobilität älterer Menschen sind gestärkt bzw. erhalten
Ziel 4	Ältere Menschen ernähren sich ausgewogen
Ziel 5	Die Mundgesundheit älterer Menschen ist erhalten bzw. verbessert
Quelle: s. Linkverzeichnis [22] in Kap. 11.	

Die Umsetzung von Maßnahmen geschieht jeweils in Selbstverpflichtung. Auf der Homepage von *gesundheitsziele.de* (s. Linkverzeichnis [23] in Kap. 11; „Maßnahmendatenbank" anklicken) können Projekte und Maßnahmen der verschiedensten Einrichtungen vorgestellt werden, die an die nationalen Gesundheitsziele anknüpfen.

5.2.2 Bundeszentrale für gesundheitliche Aufklärung (BZgA)

Die Bundeszentrale für gesundheitliche Aufklärung (BZgA) ist eine Behörde des deutschen Bundesministeriums für Gesundheit mit Sitz in Köln. Sie wurde 1967 gegründet. Zu ihren Aufgaben gehört es, Grundsätze und Richtlinien zum Inhalt und zur methodischen Umsetzung einer praktischen Gesundheitserziehung zu erarbeiten. Darüber hinaus ist sie für die Aus- und Fortbildung der Personen zuständig, die auf dem Gebiet der Gesundheitserziehung und -aufklärung tätig sind. Sie koordiniert und verstärkt die gesundheitliche Aufklärung und Gesundheitserziehung im Deutschland. Dies geschieht in Zusammenarbeit mit den entsprechenden ausländischen Stellen.

Derzeit ist die Bundeszentrale für gesundheitliche Aufklärung (BZgA) in folgenden Themenbereichen aktiv:

- Aidsprävention
- Sexualaufklärung und Familienplanung
- Prävention von sexuellem Missbrauch
- Nationales Zentrum Frühe Hilfen
- Suchtprävention
- Ernährung – Bewegung – Stressbewältigung
- Kinder- und Jugendgesundheit
- Frauengesundheit
- Männergesundheit
- Gesundheit älterer Menschen
- Gesundheitsförderung für Menschen mit Migrationshintergrund

- Gesundheitliche Chancengleichheit
- Organ- und Gewebespende
- Blutspende
- Schutzimpfungen und persönlicher Infektionsschutz
- Audiovisuelle Medien
- Gesundheit und Schule
- Ausstellungen und Mitmach-Parcours

Ein Beispiel für eine Aktion, die die Bundeszentrale für gesundheitliche Aufklärung (BZgA) im Rahmen ihrer Kampagne **„Alkohol? Kenn dein Limit.“** (s. Abbildung 5-5) in den Jahren 2013/14 durchführte, ist die Aktion „1.000 Gründe im Limit zu bleiben“. Die Mitmachaktion richtete sich an Jugendliche und junge Erwachsene. Sie sollte deutlich machen, dass es viele gute Gründe gibt, beim Alkoholkonsum im Limit zu bleiben. Ihr Ziel war es, die Jugendlichen und jungen Erwachsenen zu animieren, 1.000 gute Gründe zu finden, die gegen den riskanten Alkoholkonsum sprechen. Um diese Zielgruppe zu erreichen, produzierte die BZgA z. B. auch einige Kinospots, (s. Linkverzeichnis [24] in Kap. 11).

Da die BZgA mit der Kampagne **„Alkohol? Kenn dein Limit.“** jedoch Männer und Frauen aller Altersgruppen gleichermaßen erreichen wollte, gab es neben der Internetseite für Jugendliche und junge Erwachsene (s. Linkverzeichnis [24] in Kap. 11) auch eine Seite für erwachsene Männer und Frauen (s. Linkverzeichnis [25] in Kap. 11). Hier fanden sich neben zahlreichen Informationen zum Thema

Abbildung 5-5: Plakat der BZgA aus der Kampagne „Alkohol? Kenn dein Limit.“, das sich an Jugendliche und junge Erwachsene richtet. Quelle: mit freundlicher Genehmigung und Unterstützung der Bundeszentrale für gesundheitliche Aufklärung (BZgA) vom 08. September 2016.

riskanter Alkoholkonsum und seine körperlichen, psychischen und sozialen Auswirkungen u. a. auch ein Alkohol-Selbsttest und ein Promille-Rechner.

Im Rahmen der Kampagne werden zunehmend auch **Peers** bei bestimmten Anlässen wie Musikfestivals, Sportveranstaltungen und Stadtfesten, aber auch allgemein in Innenstädten eingesetzt. Die Peers sind speziell geschulte junge Erwachsene, die Jugendlichen Informationen rund um das Thema Alkohol vermitteln und Tipps für einen verantwortungsvollen Umgang mit Alkohol geben. Angesprochen werden dabei in erster Linie junge Menschen im Alter zwischen 16 und 20 Jahren.

Weiterhin sind seit dem Frühjahr 2016 kurze Videos auf dem Videoportal **Youtube** zu sehen, auf denen **Dr. Limit** Jugendliche und junge Erwachsene als Arzt, Anwalt oder Barkeeper anspricht und ihre Fragen rund um das Thema Alkohol beantwortet. Die Fragen waren zuvor im Rahmen eines Aufrufs („Fragen an Dr. Limit") von Jugendlichen an die Bundeszentrale für gesundheitliche Aufklärung geschickt worden.

Praxisbeispiel „Alkoholkonsum in Deutschland"

Dass Alkohol weltweit zu den zehn schädlichsten Drogen gehört, ist den meisten Menschen nicht bewusst, wenn sie ihr „Feierabend-Bier" konsumieren oder bei einer Feier auf das Geburtstagskind anstoßen. Alkohol gehört nicht nur in Deutschland für viele Menschen zum täglichen Leben. Der Konsum von Alkohol ruft einen (gewünschten) Rausch hervor, bei dem sich Bewusstsein und Wahrnehmung verändern. Alkohol kann jedoch abhängig machen und die sozialen Strukturen zerstören, in denen die Menschen leben. Er ist darüber hinaus ein Zellgift, das fast alle Körperzellen schädigen kann. Typische Folgeerkrankungen sind z.B. Fettleber, Leberzirrhose, Krampfadern im Bereich der Speiseröhrenvenen (Ösophagusvarizen), Bauchspeicheldrüsenentzündung (Pankreatitis), Gicht, Bluthochdruck, Herzmuskelerkrankung (Kardiomyopathie) und Entzündungen der Schleimhäute im Magen-Darm-Trakt. Besonders gravierend wirkt sich Alkohol auf das Nervensystem aus (bis hin zu schweren Hirnveränderungen und Demenz). Alkoholkonsum in der Schwangerschaft führt zu Entwicklungsstörungen beim Ungeborenen. Die vorgeburtlich entstandenen Schädigungen und ihre Folgen bezeichnet man als *Alkohol-Embryofetopathie*. In Deutschland ist dies die häufigste Ursache für eine geistige Behinderung. Jedes 350. Neugeborene ist davon betroffen. Trotz all dieser bekannten schädlichen Auswirkungen konsumierte in Deutschland jeder Einwohner im Jahr 2014 durchschnittlich 106,9 l Bier, 20,7 l Wein, 3,9 l Schaumwein und 5,4 l Schnaps. Als Grenzwerte für einen risikoarmen Alkoholkonsum wurde bei gesunden erwachsenen Menschen der Konsum von 24 g (♂) bzw. 12 g (♀) Alkohol täglich bei mindestens zwei alkoholfreien Tagen in der Woche festgelegt. Die tägliche Menge ist in ca. 0,5 l Bier (♂) bzw. 0,1 l Sekt (♀) enthalten. Am häufigsten findet man einen risikoreichen

Alkoholkonsum bei jüngeren Erwachsenen im Alter von 19 bis 29 Jahren (♂: 54,9 %, ♀: 36 %). Nach Angaben der Deutschen Hauptstelle für Suchtfragen e.V. liegt die Prävalenz des Alkohol-Missbrauchs in Deutschland bei 3,1 % der Bevölkerung zwischen 18 und 64 Jahren (♂: 4,7 %, ♀: 1,5 %), die der Alkoholabhängigkeit bei 3,4 % (♂: 4,8 %, ♀: 2,0 %). Auch hier sind also Männer deutlich häufiger betroffen als Frauen. (Näheres s. http://www.dhs.de/datenfakten/alkohol.html und https://www.rki.de/DE/Content/Gesundheitsmonitoring/Gesundheitsberichterstattung/GesundAZ/Content/A/Alkoholkonsum/Alkoholkonsum.html)

5.2.3 Nationale Gesundheitsziele in der Schweiz

Auf der Basis der Initiative „Gesundheit für alle im 21. Jahrhundert" („Gesundheit 21") der WHO-Europe formulierte die Schweizerische Gesellschaft für Prävention und Gesundheitswesen (SGPG) mit Unterstützung durch das Bundesamt für Gesundheit und die Stiftung Gesundheitsförderung Schweiz im Jahr 2002 insgesamt **21 nationale Gesundheitsziele.** Sie sollten die Grundlage für eine gesundheitsfördernde Gesamtpolitik der Schweiz bilden.

Ziel der WHO-Strategie **Gesundheit 21** war es, das fundamentale Menschenrecht auf einen bestmöglichen Gesundheitszustand zu verwirklichen. Gesundheit ist hiernach ein wesentlicher Bestandteil der menschlichen Entwicklung, der es den Menschen ermöglichen soll, ein sozial und wirtschaftlich produktives Leben zu führen. Erreicht werden sollte dies durch relevante regionale und nationale Konzepte und Strategien, die die Gesundheit der Bevölkerung während der gesamten Lebensspanne fördern und schützen sollen. Die Konzepte und Strategien sollten dazu führen, dass die Häufigkeit an Neuerkrankungen bei den wichtigsten Krankheiten und Verletzungen zurückgeht und somit das darauf zurückzuführende Leiden gemindert wird. Alle 21 Ziele, die daraufhin formuliert wurden, basierten auf den Prinzipien der gesundheitliche Chancengleichheit und der Solidarität im Handeln sowie auf den Prinzipien von Partizipation und Rechenschaftspflicht. Bei den von der WHO formulierten Gesundheitszielen handelte es sich um Visionen. Eine Erreichung dieser Ziele war nur durch die Umsetzung in regionale und nationale Konzepte und Strategien möglich.

Die Gesundheitsziele für die Schweiz, die sich nach der WHO-Strategie „Gesundheit 21" richteten, formulierten daher nicht nur konkrete Gesundheitsziele, sondern legten auch Jahreszahlen fest, bis zu denen das jeweilige Ziel erreicht sein sollte. Wichtige Themenfelder waren u. a. die gesundheitliche Chancengleichheit, die Gesundheit in allen Lebensaltern, die Verbesserung der psychischen Gesundheit sowie die Verringerung der Zahl an Infektionskrankheiten, chronischen Erkrankungen und Gewalteinwirkungen bzw. Unfällen. Genannt wurden aber auch Themen wie „Umwelt und Gesundheit", „Gesünderes Leben", Suchtprävention, Gesundheitsmanagement, Gesundheitspolitik und die Qualifizierung von Fachkräften (s. Tabelle 5-3).

Tabelle 5-3: Gesundheitsziele für die Schweiz. Gesundheit für alle im 21. Jahrhundert (WHO Europa).

Ziel 1	**Solidarität für die Gesundheit in der europäischen Region:** Bis zum Jahr 2020 wird das Gefälle in Bezug auf die Lebenserwartung der Menschen in den einzelnen Ländern verringert.
Ziel 2	**Gesundheitliche Chancengleichheit:** Bis zum Jahr 2020 wird der Gesundheitszustand der benachteiligten Bevölkerungsgruppen in den europäischen Ländern gezielt verbessert. Personen mit besonderen Bedürfnissen werden von gesellschaftlicher Ausgrenzung geschützt und erhalten ungehinderten Zugang zu bedarfsgerechter Versorgung.
Ziel 3	**Ein gesunder Lebensanfang:** Bis zum Jahr 2020 starten alle Menschen gesund ins Leben. Neugeborene, Säuglinge und Kinder im Vorschulalter erfreuen sich einer besseren Gesundheit. Senkung der Säuglingssterblichkeitsrate, Senkung der unfallbedingten Todesfälle oder Behinderungen bei Kindern unter 5 Jahren.
Ziel 4	**Gesundheit junger Menschen:** Bis zum Jahr 2020 sind junge Menschen gesünder. Junge Menschen werden befähigt, sich selber für eine gesunde Lebensweise zu entscheiden. Abnahme des Konsums von Drogen, Tabak und Alkohol.
Ziel 5	**Altern in Gesundheit:** Bis zum Jahr 2020 schöpfen Menschen über 65 Jahren ihr Gesundheitspotenzial voll aus und spielen eine aktive Rolle in der Gesellschaft. Erhöhung der Lebenserwartung, vermehrte Integration der über 80-Jährigen in ihrem häuslichen Umfeld und in der Gesellschaft.
Ziel 6	**Verbesserung der psychischen Gesundheit:** Bis zum Jahr 2020 verbessert sich die psychische Gesundheit der Bevölkerung. Für Personen mit psychischen Problemen stehen auf ihre Bedürfnisse ausgerichtete umfassende Dienste zur Verfügung. Die Bevölkerung wird befähigt, schwierige Lebenssituationen zu bewältigen. Die Suizidraten sinken.
Ziel 7	**Verringerung übertragbarer Krankheiten:** Bis zum Jahr 2020 werden die gesundheitlichen Beeinträchtigungen als Folge von übertragbaren Krankheiten durch systematische Ausrottung oder Bekämpfung bestimmter Infektionskrankheiten (z. B. Poliomyelitis, Masern, Hepatitis B, Malaria, HIV-Infektionen, Aids) verringert.
Ziel 8	**Verringerung nicht übertragbarer Krankheiten:** Bis zum Jahr 2020 werden Morbidität, Behinderungen und vorzeitige Todesfälle in Folge der wichtigsten chronischen Krankheiten (Herz-Kreislauf-Krankheiten, Krebs, Diabetes, Rheuma u.a.) so weit als möglich reduziert. Besondere Aufmerksamkeit gilt gesunden Zähnen bei Kindern.
Ziel 9	**Verringerung von auf Gewalteinwirkung und Unfälle zurückzuführenden Verletzungen:** Bis zum Jahr 2020 gehen die Verletzungen, Behinderungen und Todesfälle in Folge von Unfällen auf der Straße, bei der Arbeit im Haus und in der Freizeit signifikant zurück. Die häusliche, geschlechtsspezifische und organisierte Gewaltanwendung mit Gesundheitsfolgen für die Opfer wird gesenkt.
Ziel 10	**Eine gesunde und sichere natürliche Umwelt:** Bis zum Jahr 2020 lebt die Bevölkerung in einer mehr Sicherheit bietenden natürlichen Umwelt. Die Exposition gegenüber gesundheitsgefährdenden Schadstoffen übersteigen die international vereinbarten Standards nicht.
Ziel 11	**Gesünder Leben:** Bis zum Jahr 2015 haben sich die Menschen aller Gesellschaftsschichten für eine gesundheitsbewusstere Lebensweise entschieden (mehr Bewegung, gesunde Ernährung).
Ziel 12	**Verringerung der durch Alkohol, Drogen und Tabak verursachten Schäden:** Bis zum Jahr 2015 werden die gesundheitlichen Beeinträchtigungen, die auf den Konsum von Tabak, Alkohol und psychotrope Substanzen zurückgehen, signifikant reduziert.
Ziel 13	**Settings zur Förderung der Gesundheit:** Bis zum Jahr 2015 haben die Menschen in der Region bessere Möglichkeiten, zu Hause, in der Schule, am Arbeitsplatz und in ihrer Gemeinde in einem gesunden natürlichen und sozialen Umfeld zu leben. Das gilt auch für Menschen mit Behinderungen und für Kinder.
Ziel 14	**Multisektorale Verantwortung für die Gesundheit:** Bis zum Jahr 2020 anerkennen und akzeptieren alle Sektoren ihre Verantwortung für gesundheitliche Belange. Die Mitgliedstaaten schaffen Mechanismen, um die Gesundheitsverträglichkeit ihrer Gesundheitspolitik zu prüfen.

Ziel 15	**Ein integrierter Gesundheitssektor:** Bis zum Jahr 2010 haben die Menschen in den Mitgliedstaaten einen wesentlich besseren Zugang zu einer familienorientierten und gemeindenahen primären Gesundheitsversorgung, unterstützt durch ein effizientes Krankenhaussystem.
Ziel 16	**Qualitätsbewusstes Management der Versorgung:** Bis zum Jahr 2010 sorgen die Mitgliedstaaten dafür, dass sich das Management in allen Bereichen des Gesundheitswesens an den Ergebnissen gesundheitlicher Maßnahmen orientiert. Alle Mitgliedstaaten entwickeln Mechanismen zur Überwachung und Weiterentwicklung der Versorgungsqualität in Bezug auf mindestens 10 wichtige Krankheitsbilder.
Ziel 17	**Finanzierung des Gesundheitswesens und Ressourcenzuweisung:** Bis zum Jahr 2010 entwickeln die Mitgliedstaaten für die Gesundheitsversorgung Finanzierungs- und Ressourcenzuweisungssysteme auf der Grundlage des chancengleichen Zugangs, der Wirtschaftlichkeit, der Solidarität und der optimalen Qualität.
Ziel 18	**Qualifizierung von Fachkräften für gesundheitliche Aufgaben:** Bis zum Jahr 2010 sorgen alle Mitgliedstaaten dafür, dass sich die Fachkräfte im Gesundheitswesen und in anderen Sektoren die Kenntnisse, Einstellungen und Kompetenzen aneignen, die zum Schutz und zur Förderung der Gesundheit erforderlich sind.
Ziel 19	**Forschung und Wissen zur Förderung der Gesundheit:** Bis zum Jahr 2005 stehen in allen Mitgliedländern Gesundheits-, Informations- und Kommunikationssysteme zur Verfügung, die den Erwerb sowie Nutzung und Verbreitung von Wissen zur Unterstützung des Konzepts „Gesundheit für alle" fördern.
Ziel 20	**Mobilisierung von Partnern für gesundheitliche Belange:** Bis zum Jahr 2005 werden zur Umsetzung der Konzepte „Gesundheit für alle" Allianzen und Partnerschaften gebildet (Zusammenarbeit auf internationaler, nationaler, regionaler und lokaler Ebene).
Ziel 21	**Konzepte und Strategien zur „Gesundheit für alle":** Bis zum Jahr 2010 haben alle Mitgliedstaaten auf nationaler, regionaler und lokaler Ebene „Gesundheit für alle"-Konzepte formuliert und umgesetzt.

Die 21 Gesundheitsziele bilden die Grundlage für eine gesundheitsfördernde Gesamtpolitik der Schweiz. Sie wurden von Fachleuten erarbeitet und von der Schweizerischen Gesellschaft für Prävention und Gesundheitswesen (SGPG) im 2002 veröffentlicht.
Das Verfassen der 21 Gesundheitsziele für die Schweiz wurde vom Bundesamt für Gesundheit finanziell unterstützt.
Das Projekt Nationale Gesundheitspolitik Schweiz sowie die Stiftung Gesundheitsförderung Schweiz haben wertvolle Anregungen eingebracht und Mithilfe geleistet.
Quelle: Schweizerische Gesellschaft für Prävention und Gesundheitswesen (SGPG). Gesundheitsziele für die Schweiz. 2002; s. Linkverzeichnis [26] in Kap. 11.

5.2.4 Das schweizerische Bundesamt für Gesundheit und die Strategie „Gesundheit 2020"

In der Schweiz ist das **Bundesamt für Gesundheit** (BAG) gemeinsam mit den Kantonen für die Gesundheit der Schweizer Bevölkerung und für die Entwicklung der nationalen Gesundheitspolitik verantwortlich. Darüber hinaus vertritt es als nationale Behörde die Schweiz international in Gesundheitsbelangen. Anfang 2013 verabschiedete der Schweizerische Bundesrat die Strategie **„Gesundheit2020"**. Dort werden 36 Maßnahmen aufgeführt, die schrittweise in allen Bereichen des Gesundheitssystems die Lebensqualität der Schweizer Bevölkerung sichern, die Chancengleichheit stärken, die Versorgungsqualität erhöhen und die Transparenz im Gesundheitsbereich verbessern sollen (s. Abbildung 5-6). Ziel dieser Maßnahmen ist es, das Gesundheitssystem optimal auf kommende Herausforderungen (wie z. B. den demografischen Wandel) auszurichten und gleichzeitig bezahlbar zu halten.

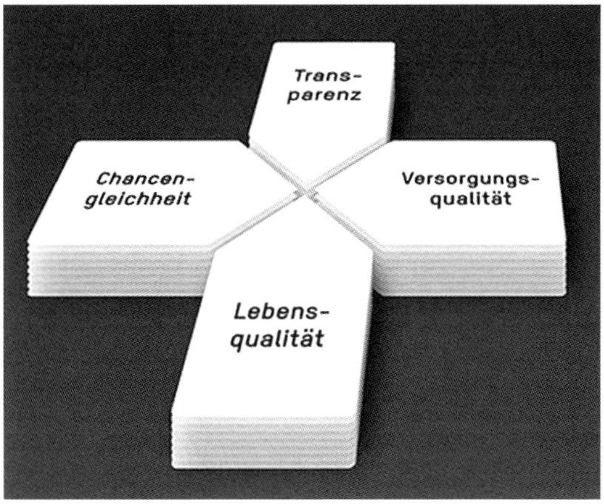

Abbildung 5-6: Die vier Handlungsfelder von „Gesundheit2020". Quelle: Website des Bundesamts für Gesundheit (BAG); 04.03.2014; s. Linkverzeichnis [27] in Kap. 11, mit freundlicher Genehmigung des BAG vom 31. August 2016.

5.2.5 Rahmengesundheitsziele in Österreich

Auch in Österreich sollen verschiedenste gesundheitsfördernde Maßnahmen in den nächsten 20 Jahren dazu führen, dass die dort lebende Bevölkerung länger gesund lebt. Dazu wurden 10 Rahmen-Gesundheitsziele formuliert, die den Rahmen für eine gesundheitsförderliche Gesamtpolitik bilden sollen. Die Basis bildet dabei das Grundprinzip **„Health in All Policies"** (HiAP; „Gesundheit in allen Politikfeldern"), ein Prinzip, das auf die Konferenz von *Alma-Ata* und die *Ottawa-Charta* zurückgeht (s. Kap. 2.3.6). Es besagt, dass die Gesundheit der Bevölkerung nur durch gebündelte Anstrengungen in allen Politikfeldern positiv beeinflusst werden kann, da hier u.a. verschiedenste individuelle, soziale, sozioökonomische und gesellschaftliche Faktoren wirksam sind. Eine auf dieser Erkenntnis aufbauende gesundheitsfördernde Gesamtpolitik muss das Thema Gesundheit in allen politischen Sektoren mit jeweils spezifischen Zielen und Prioritäten berücksichtigen (s. Abbildung 5-7). Neben dem Prinzip „Health in All Policies" werden in den Grundprinzipien auch die Ausrichtung der Maßnahmen am Nutzen für die Gesamtbevölkerung bzw. für einzelne Bevölkerungsgruppen sowie die Förderung von Chancengleichheit genannt. Weitere Punkte sind die Ausrichtung an den persönlichen, sozialen, wirtschaftlichen oder umweltbedingten Einflussfaktoren auf die Gesundheit („Gesundheitsdeterminanten", s. Kap. 4), die Ressourcenorientierung (Orientierung an den vorhandenen Stärken und nicht an den Schwächen der Menschen) und die Verständlichkeit, Umsetzbarkeit, Nachhaltigkeit und Evidenzbasierung (Näheres zum Begriff „Evidenz" s. Kap. 9) der Maßnahmen.

10 Rahmen-Gesundheitsziele für Österreich

Ziel 1:
Gesundheitsförderliche Lebens- und Arbeitsbedingungen für alle Bevölkerungsgruppen durch Kooperation aller Politik- und Gesellschaftsbereiche schaffen

Die Gesundheit der Bevölkerung wird wesentlich von den Rahmenbedingungen der Lebens- und Arbeitswelt und somit von Entscheidungen in allen Politikbereichen bestimmt und nicht nur von individuellem Verhalten und von körperlichen Faktoren. Besonders im Alltag, also dort, wo Menschen leben, spielen, lernen, arbeiten, unterwegs sind und ihre Freizeit verbringen, werden die Lebensqualität und die Gesundheit der Menschen geschaffen. Daher ist es von zentraler Bedeutung, die Lebens- und Arbeitswelten der Menschen so zu gestalten, dass diese gesundheitsförderlich sind und die Vereinbarkeit von Berufs- und Privatleben möglich ist. Dazu braucht es den Beitrag aller relevanten Akteurinnen und Akteure und damit das Zusammenwirken von Bund, Ländern, Gemeinden/Städten, Körperschaften öffentlichen Rechts und der Sozialpartnerschaft über alle Politik- und Gesellschaftsbereiche hinweg. Hohen Stellenwert haben des Weiteren Beteiligungs-, Mitgestaltungs- und Mitentscheidungsmöglichkeiten der Bürger/innen für ihre Lebens- und Arbeitswelten.

Abbildung 5-7: Ziel 1 der 10 Rahmen-Gesundheitsziele für Österreich. Quelle: Bundesministerium für Gesundheit. Rahmengesundheitsziele. Richtungsweisende Vorschläge für ein gesünderes Österreich. Wien: Bundesministerium für Gesundheit, Mai 2012; s. Linkverzeichnis [28] in Kap. 11.

Aufgabe 7

1. a) Welche internationalen oder nationalen Public-Health-Programme kannten Sie, bevor Sie dieses Kapitel gelesen hatten?
   b) Beteiligt sich Ihr Arbeitgeber/Ihre Schule oder Hochschule an einem Public-Health-Programm? Wenn ja, an welchem und in welcher Form?
2. An welchem der hier vorgestellten internationalen oder nationalen Public-Health-Programme sollte sich nach Ansicht Ihrer Kollegen Ihr Betrieb/Ihre Schule oder Hochschule beteiligen? Führen Sie hierzu eine kleine Umfrage durch. Sie können dies mündlich oder schriftlich tun, per Telefon oder online. Erstellen Sie dazu einen kurzen Fragebogen (max. 4 Fragen) und legen Sie ihn Ihren Kollegen vor. Werten Sie Ihre Ergebnisse aus und berichten Sie kurz über die Erfahrungen, die Sie bei der Durchführung dieser Aufgabe gemacht haben.

6 Kurzer Überblick über Public-Health-Methoden

Da wir es bei Public Health mit einem multi- bzw. interdisziplinären Fach zu tun haben (s. Kap. 3), sind die Herangehensweisen und damit auch die verwendeten Methoden sehr unterschiedlich. In diesem Kapitel erhalten Sie einen ersten Einblick in die verschiedenen Public-Health-Methoden.

6.1 Methoden der Biostatistik

Die im Bereich von Public Health betrachteten Daten werden oft mit Hilfe biostatistischer Methoden beschrieben und zusammengefasst. In der Regel werden diese Daten durch wissenschaftliche Studien gewonnen. Eine Aufgabe der Biostatistik ist es, schon bei der Planung dieser Studien mitzuwirken, um Zahl und Umfang möglicher Fehlerquellen schon von vornherein zu begrenzen. Die Datenerhebung geschieht durch die Messung bestimmter Charakteristika, die man auch als **Variablen** bezeichnet. Von ihnen verspricht man sich Antworten auf die entsprechenden Forschungsfragen.

Die ermittelten Daten werden nun zuerst einmal **klassifiziert**, d.h. es wird nachgeschaut, um welche Art von Daten es sich handelt. Sie können z.B. quantitativer oder kategorischer Art sein. **Quantitative Daten** sind beispielsweise Messwerte wie das Körpergewicht. **Kategorische Daten** sind dagegen nicht numerische Daten wie die Nationalität eines Menschen oder seine Hautfarbe.

Um die Daten einer Messreihe besser handhaben zu können, werden sie transparent zusammengefasst **(Five-Number Summary)**. Hierzu bestimmt man den tiefsten Wert **(Minimum)**, das **untere Quartil** (unteres Viertel der Werte), den **Median** (Zentralwert; Wert, der bei einer Zahlenreihe an mittlerer Stelle steht), das **obere Quartil** (oberes Viertel der Werte) und den höchsten Wert **(Maximum)**.

Kategorische Daten und ihre prozentuale Verteilung lassen sich gut mit Hilfe von Tabellen oder grafischen Darstellungsformen (z.B. Kuchengrafik oder Ringgrafik, s. Abbildung 6-1) verdeutlichen.

Um mit Hilfe der gewonnenen Daten nun jedoch nicht nur Aussagen über die untersuchte Stichprobe, sondern über eine ganze Population machen zu können, müssen weitere biostatistische Methoden angewandt werden. Betrachtet werden dann z.B. der **Standardfehler** (engl.: *standard error,* SE) mit dem **95%-Vertrauensintervall** und der **p-Wert**. Sie helfen mit, die gewonnenen Werte hinsichtlich ihrer wissenschaftlichen und auch praktischen Bedeutung einzuordnen.

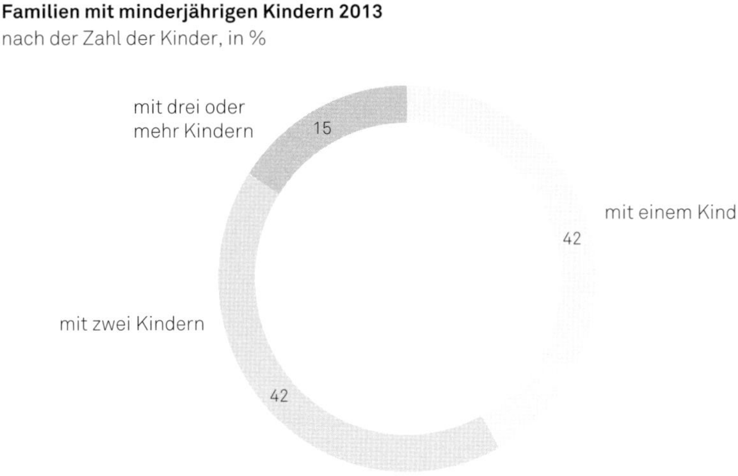

Abbildung 6–1: Beispiel für eine Ringgrafik: Familien mit minderjährigen Kindern in Deutschland, unterschieden nach der Zahl der Kinder; Angaben in Prozent der Gesamtzahl der Familien mit minderjährigen Kindern. Quelle: s. Linkverzeichnis [29] in Kap. 11; mit freundlicher Genehmigung des Statistischen Bundesamtes (DESTATIS) vom 07. April 2014.

6.2 Methoden der Epidemiologie

In vielen Public-Health-Projekten werden epidemiologische Zusammenhänge untersucht. So wird z. B. danach gefragt, zu wie vielen Masern-Neuerkrankungen es in Deutschland im Jahr 2013 kam (vgl. Kap. 5.1.1). Um eine Antwort darauf zu finden, werden epidemiologische Messverfahren angewandt. Die Häufigkeiten von **Expositionen** (Risikofaktoren oder schützende Faktoren) und **Outcomes** (= gesundheitsrelevante Ereignisse) werden in der deskriptiven (beschreibenden) Epidemiologie z. B. mit Hilfe von **absoluten Zahlen** dargestellt. Daraus lassen sich **Prävalenzen** (Krankheitshäufigkeit zu einem bestimmten Zeitpunkt), **Inzidenzen** (Häufigkeit von Neuerkrankungen) oder **Mortalität** (Sterblichkeit) berechnen. Im folgenden Auszug aus dem RKI-Ratgeber ist der Kontakt mit dem Masern-Virus die „Exposition", die Masern-Neuerkrankung der „Outcome". Die Zahl der Neuerkrankungen in einem bestimmten Zeitraum (hier: im Jahr 2013) ist eine absolute Zahl. Mit ihrer Hilfe kann die Wahrscheinlichkeit berechnet werden, mit der eine Person in einer bestimmten Bevölkerung an Masern erkranken wird (**Inzidenz;** s. „Auszug aus dem RKI-Ratgeber für Ärzte").

Auszug aus dem RKI-Ratgeber für Ärzte Masern

„In Deutschland ist die Häufigkeit der Masern durch die seit etwa 30 Jahren praktizierte Impfung im Vergleich zur Vorimpfära zwar insgesamt deutlich zurückgegangen, doch kommt es immer wieder zu kleinräumigen Ausbrüchen.

Seit Einführung der Meldepflicht gemäß IfSG im Jahre 2001 ging die Zahl der jährlich übermittelten Erkrankungsfälle von 6.037 (2001) auf 123 Fälle im Jahr 2004 (Datenstand 3.02.2010) zurück und lag in den folgenden Jahren (mit Ausnahme des Jahres 2006: n = 2.307) jeweils unter 1.000 Erkrankungsfällen. Für das Jahr 2009 wurden dem RKI 574 Fälle gemeldet. Die epidemiologische Situation in Deutschland ist seit 2003 durch regional und zeitlich begrenzte Ausbrüche gekennzeichnet, in denen bis zu 75 % der pro Jahr übermittelten Fälle auftreten. Einzelfälle aus anderen Regionen stehen oft, aber nicht immer mit diesen Ausbrüchen in einem epidemiologischen Zusammenhang. Seit 2006 ist ein Anstieg des proportionalen Anteils älterer Altersgruppen (> 10 Jahre) bei den betroffenen Fällen zu beobachten. Zudem ist die Inzidenz der gemeldeten Fälle bei Kindern unter einem Jahr hoch (7,3 pro 100.000 Kinder im Jahr 2009)."

In diesem Ratgeber werden die absoluten Zahlen der gemeldeten Erkrankungsfälle sowie die daraus berechnete Maserninzidenz bei Kindern unter einem Jahr genannt. (Trotz Meldepflicht gibt es jedoch wahrscheinlich eine nicht zu unterschätzende Dunkelziffer.)

Quelle: s. Linkverzeichnis [30] in Kap. 11.

Im Rahmen der analytischen Epidemiologie werden Beziehungen und Wirkungen von **Expositionen** und **Outcomes** untersucht. Um die Stärke eines Zusammenhangs (Assoziation) zu berechnen, verwenden Epidemiologen oftmals so genannte **Vier-Felder-Tafeln** (Kontingenztafel; s. Tabelle 6-1). Mit Hilfe der Inzidenz und der Vier-Felder-Tafel können dann weitere Maße für den Zusammenhang zwischen Exposition und Outcome berechnet werden, wie z.B. das **Relative Risiko** (RR), die **Relative Rate**, die **Odds Ratio** oder das **Attributable Risiko** (AR).

Tabelle 6-1: Gerüst einer Vier-Felder-Tafel.

		Outcome		Summe
		Ja	*Nein*	
Exposition	*Ja*	a	b	a+b
	Nein	c	d	c+d
	Summe	a+c	b+d	a+b+c+d

Wenn man sich für oder gegen eine Public-Health-Maßnahme aussprechen will, reicht es jedoch nicht aus, einen möglichen Zusammenhang zwischen **Exposition** und **Outcome** exakt zu bestimmen. Darüber hinaus muss festgestellt werden, ob ein solcher Zusammenhang auch ursächlich (= **kausal**) ist. Es muss also ermittelt werden, ob ein **Ursache-Wirkungs-Zusammenhang** zwischen Exposition und Outcome besteht. Hierzu gibt es sieben Kriterien, die nach dem britischen Statistiker *Sir Austin Bradford Hill* (1879–1991) benannt sind. Die Kriterien beziehen sich u.a. auf die Stärke der Beziehung zwischen Exposition und Outcome, auf die Beschaffenheit **(Konsistenz)** dieser Beziehung, auf die zeitliche Abfolge **(Sequenz)** bei der Beziehung und auf die Stimmigkeit **(Plausibilität)** und Sinnhaftigkeit **(Kohärenz)** der Ergebnisse im Hinblick auf biologische Grundlagen und die Ergebnisse anderer Fachgebiete.

6.3 Methoden der Demografie

Auch die Methoden der Demografie basieren auf der (Bio-)Statistik. Die Demografie betrachtet damit z.B. die Bevölkerungsentwicklung in einem bestimmten Gebiet. Einige der wichtigsten Kennziffern sind hierbei:

- **Geburtenüberschuss:** In einem bestimmten Gebiet werden in einem bestimmten Zeitraum mehr Menschen geboren als sterben.
- **Geburtendefizit:** In einem bestimmten Gebiet sterben in einem bestimmten Zeitraum mehr Menschen als geboren werden.
- **Wanderungssaldo:** Differenz zwischen Zu- und Abwanderung in einem bestimmten Gebiet während eines bestimmten Zeitraums.
- **Zahl der Sterbefälle.**
- **Mortalitätsrate im Jahr X:** Verhältnis der Zahl an Sterbefällen im Jahr X und der Bevölkerungszahl eines Gebietes zur Jahresmitte des Jahres X.
- **Lebenserwartung**: Die im Durchschnitt zu erwartende Zeitspanne, die einem Menschen ab einem gegebenen Zeitpunkt (z.B. ab der Geburt) bis zu seinem Tod verbleibt.
- **Potenziell verlorene Lebensjahre** (Potential Years of Life Lost, PYLL): Statistisches Konstrukt, das die infolge einer bestimmten Erkrankung oder einer Klasse von Erkrankungen verlorenen Lebensjahre z.B. im Verhältnis zur durchschnittlichen Lebenserwartung oder einem Referenzalter von 75 Jahren angibt.

Abbildung 6-2 zeigt als Beispiel die Altersstruktur der Bevölkerung in Deutschland im Jahr 1960 (links) im Vergleich zum Jahr 2012 (rechts). Auf der rechten Seite einer Darstellung ist jeweils die Anzahl der Mädchen bzw. Frauen eines bestimmten Alters aufgetragen, auf der linken Seite die Anzahl der Jungen bzw. Männer in diesem Alter. Die Darstellung zeigt, dass die Bevölkerung in Deutschland in diesem Zeitraum älter geworden ist. Es gibt im Jahr 2012 relativ mehr alte und sehr alte Menschen, insbesondere mehr alte/sehr alte Frauen. Der tiefe Ein-

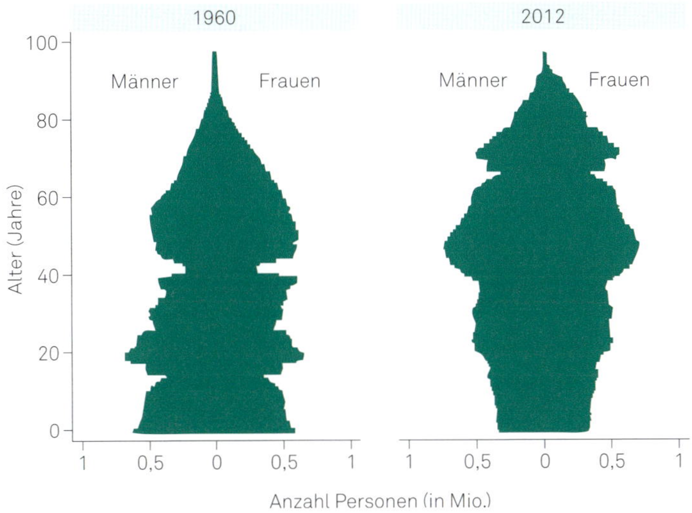

Abbildung 6-2: Altersstruktur der Bevölkerung in Deutschland (West- und Ost-Deutschland zusammengezählt) in den Jahren 1960 und 2012. Quelle: Zwahlen M, Egger M, Siegrist J. Demografie. In: Egger/Razum [Hrsg.]. Public Health. Sozial- und Präventivmedizin kompakt. De Gruyter, 2. Aufl. 2014, S. 61; mit freundlicher Genehmigung des Verlags De Gruyter vom 31. März 2014.

schnitt, den der zweite Weltkrieg in der Altersstruktur der Bevölkerung hinterlassen hat, ist noch immer sichtbar, allerdings nun in einem höheren Lebensalter. Die um 1960 herum geborenen „Babyboomer" sind inzwischen schon im fortgeschrittenen Erwerbsleben. Die Zahl der Kinder und Jugendlichen ist seit 1960 erheblich gesunken. Ihre Zahl ist nicht ausreichend, um die Ausfälle zu kompensieren, die dann entstehen werden, wenn die „Babyboomer" in einigen Jahren in Rente gehen werden.

6.4 Methoden der Sozialwissenschaften

Im Bereich von Public Health werden somit nicht nur bestimmte biologisch-medizinische Parameter gemessen und damit biostatistische bzw. epidemiologische Daten gewonnen. Neben der Erhebung von statistischen Daten aus der Bevölkerung ermittelt man – besonders in der Gesundheitsförderung und der Prävention – die benötigten Daten auch mit Hilfe sozialwissenschaftlicher Methoden. Hierzu setzt man häufig **Fragebögen** ein, insbesondere dann, wenn man etwas über das Wissen von Personen oder Personengruppen über einen Public-Health-relevanten Sachverhalt bzw. über ihr subjektives Urteil hierzu erfahren möchte.

Bei der Fragebogenkonstruktion zur Erhebung von **quantitativen Daten** verwendet man meist halboffene oder geschlossene Fragen. Sie bieten häufig Skalen als Antwortalternativen an. Bei offenen Fragen sind keine Antwortalternativen vorgegeben. Die Befragung geschieht entweder in Form eines persönlichen Interviews, telefonisch, schriftlich oder über das Internet. Die Datenauswertung wird dann mit Hilfe statistischer Methoden durchgeführt. Abbildung 6-3 zeigt als Beispiel eine Seite aus einem Evaluations-Fragebogen zum Gesundheitsförderungs-Projekt „Du seisch wo düre“ (DSWD; Hochdeutsch: „Es ist Deine Entscheidung“) des Gesundheitsdienstes der Stadt Bern, Schweiz. Im oberen Bereich der Seite werden geschlossene Fragen gestellt (Fragen 14–21), bei denen jeweils vier Antwortalternativen vorgegeben sind. Im unteren Bereich der Seite erhalten die Probanden[20] die Möglichkeit, noch eigene Antworten zu bestimmten Fragen/Aussagen zu formulieren (= offene Fragen).

Definition „quantitativ - qualitativ“

„Quantitativ“ bedeutet, dass etwas mengenmäßig oder zahlenmäßig dargestellt wird. Quantitative Daten werden also in Zahlen ausgedrückt. Von „qualitativ“ spricht man, wenn man die Beschaffenheit (Qualität) einer Sache darstellen will. Qualitative Daten sind nicht-numerische Daten, d.h. sie werden nicht in Zahlen ausgedrückt.

Darüber hinaus gibt es zahlreiche **qualitative Datenerhebungsverfahren**. Hierzu gehören z.B. verschiedene Interviewverfahren, wie etwa das **narrative Interview**, bei dem Probanden aufgefordert werden, über ein zuvor festgelegtes Thema zu berichten. Die erzählten Inhalte werden dabei aufgezeichnet. Anders als andere qualitative Interviewverfahren hat das narrative Interview nicht den Zweck, eine zuvor aufgestellte Hypothese zu überprüfen. Das aufgezeichnete Interview wird stattdessen mit Hilfe texthermeneutischer[21] Methoden interpretiert. Aus dieser Interpretation werden dann Hypothesen gewonnen.

Eine weitere sozialwissenschaftliche Methode ist die **Fallstudie**. Fallstudien können einen spezifischen Fall im Quer- oder im Längsschnitt betrachten. Die Ergebnisse von Fallstudien lassen sich nicht generalisieren. Sie können aber Unterschiede zwischen den gewählten Untersuchungseinheiten (z.B. Kindergärten, Laboren, Gesundheitssystemen) aufzeigen.

20 *Proband:* Versuchsperson.
21 *Hermeneutik:* Theorie über die Auslegung und Verstehen von Texten.

Veränderungen durch DSWD

Bitte beurteile hier, wie stark die folgenden Sätze für dich zutreffen

	Stimmt genau	Stimmt eher	Stimmt eher nciht	Stimmt gar nciht
14. Dank DSWD kann ich besser Probleme lösen	☐	☐	☐	☐
15. Dank DSWD kann ich mir besser ein Ziel stecken	☐	☐	☐	☐
16. Dank DSWD kann ich besser mit anderen reden	☐	☐	☐	☐
17. Dank DSWD kann ich besser mit anderen umgehen	☐	☐	☐	☐
18. Dank DSWD habe ich mich selbst besser kennengelernt	☐	☐	☐	☐
19. Durch DSWD bin ich nicht unsicherer geworden	☐	☐	☐	☐
20. Durch DSWD habe ich mich überfordert gefühlt	☐	☐	☐	☐
21. Bei DSWD habe ich mir Mühe gegeben	☐	☐	☐	☐

Meine Kommentare

Das hat mir bei DSWD besonders gut gefallen:

....

....

Das hätte für mich anders sein sollen::

....

....

Das ist mir besonders wichtig geworden:

....

....

Daran möchte ich weiterhin arbeiten:

....

....

Danke für deine Mitarbeit

Abbildung 6-3: Beispiel einer Seite aus einem Evaluations[22]-Fragebogen zum Gesundheitsförderungs-Projekt „Du seisch wo düre“ (DSWD) des Gesundheitsdienstes der Stadt Bern, Schweiz. Im oberen Bereich der Seite befinden sich geschlossene Fragen (Fragen 14–21), im unteren Bereich der Seite offene Fragen („Meine Kommentare“). Der Fragebogen richtet sich an Schüler im Alter von 14–16 Jahren. Quelle: Mit freundlicher Genehmigung des Gesundheitsdienstes der Stadt Bern und des Vereins DSWD + zWäg! Netz vom 15. April 2014.

22 *Evaluation:* sach- und fachgerechte Bewertung.

Definition „Quer- und Längsschnittstudien"
Eine Querschnittstudie (engl.: *Cross-sectional Study, Transversal Study*) ist eine empirische Untersuchung (= methodisches Sammeln von Daten), die einmalig durchgeführt wird.
Eine Längsschnittstudie (engl.: *Longitudinal Study*) wird dagegen mehrmals hintereinander durchgeführt, um die Ergebnisse der einzelnen Untersuchungswellen miteinander zu vergleichen.

6.5 Methoden der Gesundheitsökonomie

In der Gesundheitsökonomie geht es in erster Linie um die Finanzierbarkeit von Maßnahmen im Gesundheitssystem. Hierzu wendet sie wirtschaftswissenschaftliche Methoden an. Im Zentrum stehen dabei **Kosten-Nutzen-Bewertungen**.

In den verschiedenen Arten **gesundheitsökonomischer Studien** wird der **Nutzen** von Gesundheitsmaßnahmen unterschiedlich ausgedrückt (z. B. in Geldeinheiten, in gewonnenen oder verlorenen Lebensjahren oder in natürlichen Einheiten wie etwa der Senkung des Blutdrucks oder in beschwerdefreien Tagen). Die **Kosten** werden grundsätzlich in Geldeinheiten angegeben. Mit Hilfe der **inkrementellen**[23] **Betrachtungsweise** versucht man, die Berechnungen möglichst realitätsnah zu gestalten.

Die Ergebnisse von gesundheitsökonomischen Studien lassen sich grafisch z. B. mit Hilfe einer **Kosten-Effektivitäts-Fläche** verdeutlichen (s. Abbildung 6-4). Hiernach kann eine Maßnahme einerseits teurer und effektiver (Quadrant I), andererseits aber auch günstiger und effektiver (Quadrant II), günstiger und weniger effektiv (Quadrant III) sowie teurer und weniger effektiv (Quadrant IV) sein als eine Alternative A. Die in Quadrant II dargestellte Maßnahme ist somit der Alternative A im Hinblick auf Kosten und Nutzen überlegen, während die Maßnahme in Quadrant IV sowohl kosten- als auch nutzenmäßig unterlegen ist. In der Praxis tritt man allerdings in der Regel die in Quadrant I geschilderte Maßnahme an. Effektivere Maßnahmen sind in der Regel teurer als die jeweiligen Vergleichsmaßnahmen.

23 *inkrementell:* schrittweise.

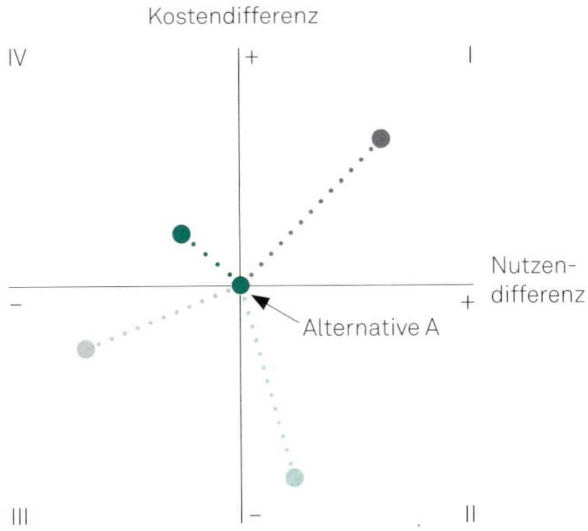

Abbildung 6–4: Ergebnisse einer gesundheitsökonomischen Evaluationsstudie, aufgetragen auf einer Kosten-Effektivitäts-Fläche. Die untersuchten Maßnahmen werden im Vergleich zur Alternative A (im Zentrum der Fläche) aufgetragen, und zwar im Hinblick auf zusätzliche Kosten und dem zu erwartenden zusätzlichen Nutzen. Quelle: Schwappach D. Gesundheitsökonomie. In: Egger/Razum [Hrsg.]. Public Health. Sozial- und Präventivmedizin kompakt. De Gruyter, 2. Aufl. 2014, S. 100; mit freundlicher Genehmigung des Verlags de Gruyter vom 31. März 2014.

Aufgabe 8

1. Welche Public-Health-Methoden haben Sie bei Ihrer kleinen Umfrage (Aufgabe 7.2) angewandt?
2. Bitte lesen Sie zuerst den folgenden Text und beantworten dann die darunter stehende Frage:

Studie des Robert Koch-Instituts: Verbreitung des Rauchens in der Erwachsenenbevölkerung in Deutschland

„Nach der aktuellsten Studie zur Gesundheit Erwachsener in Deutschland des Robert Koch-Instituts (DEGS1) zur Verbreitung des Rauchens in der 18- bis 79-jährigen Bevölkerung ist das Rauchen nach wie vor stark verbreitet. Nach den Daten der Studie (DEGS1), die vom Robert Koch-Institut in den Jahren 2008 bis 2011 erhoben wurden, rauchen 29,7 % der 18- bis 79-jährigen Erwachsenen (Frauen = 26,9 %, Männer = 32,6 %). Der Anteil der Frauen und Männer, die 20 oder mehr Zigaretten am Tag rauchen, beträgt 6,0 bzw. 10,6 %. Am stärksten verbreitet ist das Rauchen bei jungen Erwachsenen, außerdem bei Personen mit niedrigem Sozialstatus, die auch überproportional zu den starken Rauchern zu zählen sind. Der Vergleich mit den Daten früherer Gesundheitssurveys deutet darauf hin, dass der Anteil der Raucherinnen und Raucher im Verlauf der letzten 10 Jahre etwas zurückgegangen ist."

Quelle: Lampert T, von der Lippe E, Müters S. Verbreitung des Rauchens in der Erwachsenenbevölkerung in Deutschland. Ergebnisse der Studie zur Gesundheit Erwachsener in Deutschland (DEGS1). Bundesgesundheitsblatt 56: 802–808 (2013), DOI 10.1007/s00103-013-1698-1

Über den folgenden Link (s. Linkverzeichnis [31] in Kap. 11) finden Sie die oben zitierte Studie. Bitte lesen Sie sich auch diesen Text durch.

Beantworten Sie nun folgende Frage: Welche Methoden wurden im Rahmen der zitierten Studie an welchen Stellen beschrieben?

7 Aktuelle Entwicklungen im Bereich Public Health

7.1 Von der individuellen Sichtweise einer kurativen Medizin hin zur bevölkerungsbezogenen Public-Health-Betrachtungsweise

7.1.1 Situation in Deutschland

Deutschland gehört zu den Staaten, in denen sich im 19. und frühen 20. Jahrhundert eine wissenschaftlich begründete öffentlichen Gesundheitsfürsorge entwickelte (s. Kap. 2.3). Die bevölkerungsbezogene Sichtweise auf die Gesundheit wurde durch die nationalsozialistische Vereinnahmung und Pervertierung jedoch stark in Misskredit gebracht. Ihre Ideen und Ansätze waren deshalb im Nachkriegsdeutschland zunächst tabu. Im Vordergrund stand daher lange Zeit eine individualisierte Sichtweise von Gesundheit und Krankheit – dies gilt insbesondere für die Entwicklung in der Bundesrepublik Deutschland (BRD). Innerhalb des Versorgungssystems standen hier nun Leistungsempfänger/Patienten den Leistungserbringern gegenüber. Leistungserbringer waren in erster Linie Ärzte, die fast ausschließlich kurative Aufgaben wahrnahmen. Eine wichtige Rolle in diesem System spielten auch die Leistungsfinanzierer (z. B. Versicherungen). In der öffentlichen Gesundheitsfürsorge, die es v. a. in Form von staatlichen und kommunalen Gesundheitsämtern auch nach dem zweiten Weltkrieg gab, setzten sich die individualmedizinischen Maßnahmen der Krankheitsprävention gegenüber den gesellschaftlichen, bevölkerungsbezogenen Interventionen der Gesundheitsförderung durch.

Trotz einer teilweisen Wiederbelebung der Public-Health-Gedanken seit dem Ende der 1980er Jahre ist das Gesundheitssystem in Deutschland auch heute noch überwiegend kurativ ausgerichtet. Die vorhandenen Strukturen erschweren die Durchführung gesundheitspräventiver Maßnahmen. Noch immer propagieren die Vertreter von Gesundheitspolitik und gesundheitspolitische „Stakeholder“[24] eine Sichtweise, die auf das Individuum zentriert ist und nicht Gesundheit fördern, sondern Krankheitsprävention betreiben will. Die Verabschiedung eines Präventionsgesetzes (es heißt nicht „Gesundheitsförderungsgesetz“!), das den Präventionsgedanken in Deutschland verankern und nur einige erste Schritte hin zu einer Kultur der Gesundheitsförderung enthalten

24 *Stakeholder:* Personen oder Gruppen, die ein besonderes Interesse an einem Prozess oder einem Projekt haben.

sollte, scheiterte im letzten Jahrzehnt mehrfach. Die Große Koalition aus CDU/CSU und SPD (2013) beschloss daher einen neuen Anlauf, ein solches Präventionsgesetz zu verabschieden. Das Gesetz trat 2015 in Kraft. Der Gesetzestext (s. unten) macht deutlich, dass noch immer die Prävention und eine individualmedizinische Sicht im Vordergrund stehen. Die vorhandenen individualmedizinischen (i.d.R. nicht staatlichen) Strukturen werden nicht angetastet. Prävention setzt weiterhin in erster Linie am Verhalten der Menschen **(Verhaltensprävention)** an, jedoch kaum an den Verhältnissen, in denen die Menschen leben **(Verhältnisprävention)**. Es sind nur erste Ansätze hin zu einer bevölkerungsbezogenen, gesundheitsfördernden Sichtweise vorhanden.

Wesentliche Inhalte des Präventionsgesetzes (Auszug)

- Der Gesetzentwurf setzt auf die zielgerichtete Zusammenarbeit der Akteure in der Prävention und Gesundheitsförderung: Neben der gesetzlichen Krankenversicherung werden auch die gesetzliche Rentenversicherung und die gesetzliche Unfallversicherung, die Soziale Pflegeversicherung und auch die Unternehmen der privaten Krankenversicherung eingebunden ...
- Die Soziale Pflegeversicherung erhält einen neuen Präventionsauftrag, um künftig auch Menschen in stationären Pflegeeinrichtungen mit gesundheitsfördernden Angeboten erreichen zu können.
- Das Präventionsgesetz fördert durch eine Reihe gesetzlicher Maßnahmen die Impfprävention ...
- Das Gesetz sieht vor, dass die bestehenden Gesundheits- und Früherkennungsuntersuchungen für Kinder, Jugendliche und Erwachsene weiterentwickelt werden. Künftig soll ein stärkeres Augenmerk auf individuelle Belastungen und auf Risikofaktoren für das Entstehen von Krankheiten gelegt werden. Ärztinnen und Ärzte erhalten die Möglichkeit, Präventionsempfehlungen auszustellen und damit zum Erhalt und zur Verbesserung der Gesundheit ihrer Patienten beizutragen.
- Die Krankenkassen und Pflegekassen werden künftig mehr als 500 Mio. Euro für Gesundheitsförderung und Prävention investieren. Der Schwerpunkt liegt dabei auf der Gesundheitsförderung in den Lebenswelten wie Kita, Schule, Kommunen, Betrieben und Pflegeeinrichtungen ...

Quelle: BMG; s. Linkverzeichnis [32] in Kap. 11.

7.1.2 Situation in der Schweiz

Auch das Schweizer Gesundheitssystem ist noch immer in vielen Bereichen überwiegend kurativ ausgerichtet. Aufgrund der ausgeprägten föderativen Strukturen ist ein gesamtschweizerisches Handeln im Bereich Gesundheitsförderung und Prävention bislang nur schwer möglich. Allerdings wurde in den letzten Jahren immer deutlicher, dass steigende Krankheits- und Krankheitsfolgekosten die sozialen Sicherungssysteme und damit die Beitrags- und Steuerzahler zunehmend belasten. Nicht zuletzt um eine Stabilisierung dieser Kosten zu erreichen, ist es nach Ansicht vieler im Gesundheitswesen Tätiger und einiger politischer Parteien erforderlich, den Präventionsgedanken verstärkt aufzugreifen und dies durch ein **Präventionsgesetz** deutlich zu machen.

Anders als in vielen anderen westlichen Demokratien, ist die wahlberechtigte Schweizer Bevölkerung jedoch stark in das Gesetzgebungsverfahren eingebunden. Nicht nur die Regierung, die Parteien, die Fraktionen, einzelne Parlamentarier, die Kantone oder die Bundesverwaltung können ein neues Gesetz initiieren, sondern auch Interessengruppen und Verbände. Später können sich Einzelpersonen, Interessengruppen und Verbände auch in der Phase der Vernehmlassung (s. unten) zu einem Gesetzentwurf äußern.

Vernehmlassung

Phase im Gesetzgebungsverfahren der Schweiz, in der die Kantone, die politischen Parteien und interessierte Kreise (v.a. Interessengruppen und Verbände) vom Schweizer Bundesrat (= die Bundesregierung der Schweiz) zur Stellungnahme zum Gesetzentwurf eingeladen werden.

Darüber hinaus hat die Bevölkerung auch noch das Recht, das Referendum (s. unten) zu ergreifen und dadurch ein bereits beschlossenes Gesetz zu Fall zu bringen. Daher dauern Gesetzgebungsverfahren in der Schweiz oft viele Jahre.

Referendum

Das Referendum ist ein Instrument der direkten Demokratie, bei dem es zu einer Abstimmung aller wahlberechtigten Bürger über eine Vorlage kommt, die vom Parlament, von der Regierung oder einer die Regierungsgewalt ausübenden Institution erarbeitet wurde.

Erste Anläufe zu einem geplanten Präventionsgesetz gab es bereits in den 1980er Jahren. Allerdings scheiterte bereits 1982 ein erster Vorschlag für ein eidgenössisches Präventivgesetz am Widerstand der Kantone. Ein weiterer Anlauf wurde im September 2005 mit der Einsetzung der Fachkommission „Prävention und Gesundheitsförderung" durch das Eidgenössische Departement des Inneren (Innenministerium) gestartet. Zwei Jahre später, im September 2007, kam es dann zu dem Auftrag, eine neue gesetzliche Grundlage für die Bereiche Prävention, Gesundheitsförderung und Früherkennung zu erarbeiten. Das Ziel war, diese Bereiche zu stärken sowie die Koordination und Effizienz der dort laufenden Aktivitäten zu verbessern. Nochmals zwei Jahre später (2009) überwies der Bundesrat dann den Entwurf des **Bundesgesetzes über Prävention und Gesundheitsförderung** (Präventionsgesetz, PrävG) an das Parlament. Trotz Zustimmung des Nationalrates scheiterte das Gesetz schließlich im Jahr 2012 im

Ständerat[25]. Es wird voraussichtlich noch Jahre bis zu einem neuen Anlauf dauern, der dann einen weiteren Gesetzentwurf möglicherweise durch die Instanzen bringen kann. Bis dahin wird sich auch in der Schweiz nur wenig an der überwiegend kurativen Ausrichtung des Gesundheitssystems ändern.

7.1.3 Situation in Österreich

In Österreich gibt es bereits seit 1998 ein **Gesundheitsförderungsgesetz**. Ziel des Gesetzes war es, die Durchführung von Maßnahmen zur Erhaltung, Förderung und Verbesserung der Gesundheit der Bevölkerung im ganzheitlichen Sinn und in allen Phasen des Lebens zu initiieren. Die Basis des Gesetzes bildeten wichtige internationale gesundheitspolitische Leitbilder wie die Ottawa-Charta. Die Bevölkerung sollte nun intensiver über vermeidbare Krankheiten sowie über die die Gesundheit beeinflussenden seelischen, geistigen und sozialen Faktoren informiert werden. Dies sollte über den Aufbau von neuen Strukturen für Gesundheitsförderung und Krankheitsprävention erreicht werden, wobei bestehende Einrichtungen und Strukturen mit eingebunden werden sollten. Weiterhin sollten bevölkerungsnahe, kontextbezogene Programme und Angebote in den Gemeinden, Städten, Schulen, Betrieben und im öffentlichen Gesundheitswesen entwickelt werden. Es sollte sich bei den Programmen um zielgruppenspezifische Programme zur Information und Beratung der Bevölkerung über einen gesunden Lebensstil, über Krankheitsprävention sowie über den Umgang mit chronischen Krankheiten und Krisensituationen handeln. Auch wissenschaftliche Programme zur Weiterentwicklung von Gesundheitsförderung und Krankheitsprävention sowie von Epidemiologie, Evaluation und Qualitätssicherung im Gesundheitsbereich sollten initiiert und unterstützt werden, ebenso die Fortbildung von Personen, die in der Gesundheitsförderung und Krankheitsprävention tätig sind. Die Maßnahmen und Initiativen sollten mit bestehenden gesundheitsfördernden Aktivitäten abgestimmt werden. Zur ihrer Durchführung wurde eine spezielle Gesellschaft, die **„Gesundheit Österreich GmbH“** (s. Linkverzeichnis [33] in Kap. 11), gegründet. Kurative und präventive Maßnahmen, die nach dem Gesetz zu den Aufgaben der Sozialversicherungen oder anderen Bereichen gehörten, sollten vom Gesetz nicht betroffen sein. Finanziert werden sollten die Maßnahmen durch Zuschüsse aus Bundesmitteln und durch die Zuwendung eines jährlichen Anteils am Umsatzsteueraufkommen.

Das Gesundheitsförderungsgesetz hatte zur Folge, dass im Land mit der Zeit immer mehr Gesundheitsförderungsprojekte in Kindergärten, Schulen, Betrieben, Krankenhäusern, Gemeinden und Regionen geplant und durchgeführt wurden. Im August 2006 trat dann das Gesetz über die **Gesundheit Österreich GmbH** (GÖG) in Kraft. In dessen Folge wurde der **Fonds Gesundes Österreich** (FGÖ) gegründet, ein neuer Geschäftsbereich der Gesundheit Österreich GmbH.

25 *Ständerat:* Vertretung der Kantone.

Er sollte dazu beitragen, Projekte im Bereich Gesundheitsförderung und Primärprävention (s. Glossar) finanziell zu fördern und entsprechende Aktivitäten auch selbst zu initiiert. Der FGÖ erhält jährlich 7,2 Mio. € aus dem österreichischen Umsatzsteueraufkommen, um dieses Ziel umzusetzen.

In Österreich wird allerdings noch immer darüber diskutiert, ob das österreichische Gesundheitsförderungsgesetz klar genug zwischen Gesundheitsförderung und Krankheitsprävention trennt. Beides sind nach Ansicht der Kritiker völlig verschiedene theoretische Ansätze, die z. T. unterschiedliche Maßnahmen zur Folge haben, welche dann wiederum aus unterschiedlichen Töpfen finanziert werden. Große Herausforderungen werden auch hinsichtlich der gesellschaftlichen, demografischen und epidemiologischen Entwicklungen gesehen. Wichtige Stichworte sind hier Chancengleichheit, Zunahme chronischer Erkrankungen, Förderung der Lebensqualität, Bündelung von Ressourcen sowie die Einbeziehung der Bereiche Arbeit, Bildung, Soziales und Umwelt in Maßnahmen der Gesundheitsförderung.

7.2 Aktuelle Entwicklungen und Herausforderungen

Zu den großen aktuellen Herausforderungen in den westlichen Industrienationen (und zunehmend auch in den sog. Schwellenländern) gehören also v. a.

- die Zunahme der **chronischen Erkrankungen** im Krankheitsspektrum der Bevölkerung und
- eine zunehmende **soziale Ungleichheit von Gesundheitschancen.**

In den Industrienationen, aber auch in den so genannten Schwellenländern ändert sich derzeit die Bevölkerungsstruktur sehr stark. Infolge der steigenden Lebenserwartung bei gleichzeitig sinkenden Geburtenraten erhöht sich der Anteil älterer und alter Menschen in der Bevölkerung. Man bezeichnet dies als demografischen Wandel. Da mit zunehmendem Alter auch die Zahl der chronischen Erkrankungen ansteigt, nimmt die **Krankheitslast** (engl.: *Burden of Disease*) durch chronische Erkrankungen in diesen Populationen stark zu. Einen solchen Vorgang, der durch die Zunahme von chronischen Krankheiten bei gleichzeitiger Abnahme der Zahl an Infektionskrankheiten gekennzeichnet ist, bezeichnet man auch als **epidemiologischen Übergang** oder **epidemiologische Transition.** Die Staaten Mitteleuropas haben schon eine weite Strecke dieses Übergangs hinter sich gebracht. Schwellenländer wie etwa Indien oder Brasilien stecken mitten in diesem Übergang. Sie haben bereits eine hohe Krankheitslast infolge chronischer Erkrankungen, aber – vor allem in den ärmeren Gebieten – auch noch eine hohe Krankheitslast durch Infektionskrankheiten. In den ärmsten Ländern der Erde (*Least developed countries*, z. B. Malawi oder Lesotho) beginnt die epidemiologische Transition gerade erst.

Nicht nur in den ärmeren und sehr armen Ländern nimmt die soziale Ungleichheit zu. Selbst in relativ reichen Ländern wie Deutschland, Österreich und der Schweiz öffnet sich die Schere zwischen Arm und Reich immer weiter.

Damit steigt auch die Ungleichheit von Gesundheitschancen. So ist selbst bei uns die Lebenserwartung abhängig vom sozialen Status eines Menschen. Das Gleiche gilt für die zu erwartende Zahl an Jahren, die ein Mensch noch in relativer Gesundheit verbringen kann.

Public Health steht damit in den nächsten Jahren und Jahrzehnten vor großen Herausforderungen:

- Es werden Untersuchungen benötigt, deren Ziel es ist, zu ermitteln, welche gesundheitlichen Probleme eine alternde Gesellschaft mit sich bringt und wie diese Probleme gelöst werden können.
- Ein weiteres wichtiges Ziel ist die Reduzierung von sozialer Ungleichheit im Hinblick auf die Gesundheitschancen – hier bei uns und weltweit.

Insbesondere in Deutschland ist es wichtig, in Zukunft den **gesundheitsfördernden Aspekt von Public Health stärker in den Fokus** zu rücken. Hierzu ist es nötig, im Gesundheitssystem Strukturen aufzubauen, die Gesundheitsförderung unterstützen und nicht nur kurative bzw. krankheitspräventive Maßnahmen erlauben. Es müssen Bedingungen geschaffen werden, die es den Menschen erlauben, sich gesundheitsfördernd zu verhalten.

Bislang gibt es im Bereich Public Health zu wenig Forschung, deren Ziel es ist, die **Nachhaltigkeit** von gesundheitsfördernden oder krankheitspräventiven Maßnahmen zu untersuchen. Auch dies wird eine Aufgabe von Public Health in den nächsten Jahren sein.

In diesem Zusammenhang wird eine **Evidenzbasierung** von Public Health verstärkt zum Thema werden. Evidenzbasiert bedeutet hier, dass die weltweit besten, aktuellen wissenschaftlichen Daten aus dem Bereich Public Health als Grundlage für Empfehlung im Hinblick auf konkrete Public-Health-Entscheidungen genommen werden sollen. Auch hier besteht z. B. in Deutschland noch großer Handlungsbedarf.

Im Bereich der so genannten **Public-Health-Genomics** versucht man derzeit, individuelle, auf genetischen Grundlagen beruhende, maßgeschneiderte Behandlungs- und Präventionsmaßnahmen zu entwickeln. Nach Ansicht von Vertretern einer „personalisierten Medizin“ wird sich auch Public Health in Zukunft weg von den klassischen, populationsbezogenen Konzepten und hin zu einer individuellen Vorsorge und einer „personalisierten Public Health“ entwickeln. Großes Interesse hieran haben insbesondere die forschenden Pharmaunternehmen. Die entsprechenden Ansätze (z.B. die Entwicklung von genetischen Screening-Tests) werden u.a. durch die derzeitige Ausrichtung der Forschungsförderung auf EU-Ebene und national unterstützt. Klassische gesundheitsfördernde Ansätze haben dem gegenüber oft das Nachsehen. Ob die Ansätze einer „personalisierten Public Health“ überhaupt jemals in der Lage sein werden, eine effektivere und kostengünstigere Krankheitsprävention (und Therapie) zu schaffen, ist sehr zu bezweifeln. Derzeit leistet Public-Health-Genomics noch keinen wesentlichen Beitrag zur Senkung der Krankheitslast in der Bevölkerung.

Mit welchen Aufgaben wird sich nun **Public Health in Zukunft** beschäftigen müssen?

Es ist derzeit noch nicht klar, ob die Schwerpunkte mehr im Bereich der Bekämpfung von gesundheitlicher Ungleichheit oder mehr im Bereich der Entwicklung neuer genombasierter, maßgeschneiderter Präventionsmaßnahmen liegen werden. In der Industrie und in der Politik, aber auch innerhalb von Public Health gibt es Strömungen, die versuchen, unsere Gesundheit vornehmlich mit Hilfe von E-Health, Fitness-Armbändern und Kuschelrobben-Robotern für Demenzerkrankte zu optimieren. Andere weisen darauf hin, dass sich Public Health stattdessen eher mit der Luftverschmutzung in den immer größer werdenden Metropolen dieser Welt, mit den Auswirkungen des Klimawandels und mit der Bekämpfung der Ausbreitung neuer Infektionskrankheiten beschäftigen sollte. Welche Schwerpunkte sich letztendlich durchsetzen, hängt in großem Maße von der Politik ab. Sie hat erheblichen Einfluss, u.a. über die Errichtung von gesundheitsfördernden Strukturen, über die Förderung von Public-Health-Projekten und die Unterstützung der Wissenschaft im Bereich Public Health.

Aufgabe 9

1. Welche der aktuellen Entwicklungen und Herausforderungen von Public Health werden Ihrer Ansicht nach an Ihrem Arbeits- oder Studienplatz in Zukunft eine Rolle spielen? Begründen Sie dies.
2. Forschen Sie bitte im Internet nach aktuellen wissenschaftlichen Veröffentlichungen, die die derzeitigen Entwicklungen und zukünftigen Herausforderungen im Bereich der Betrieblichen Gesundheitsförderung zum Thema haben! Stellen Sie eine Liste dieser Veröffentlichungen zusammen.
   Sie können dies z.B. über die Datenbank PubMed tun (s. Linkverzeichnis [34] in Kap. 11) oder hierzu auch das Ressourcenverzeichnis des Verlags De Gruyter verwenden (s. Linkverzeichnis [35] in Kap. 11).
3. Werden die aktuellen Migrationswellen nach Europa und innerhalb von Europa Ihrer Ansicht nach Auswirkungen auf die gesundheitliche Situation der Bevölkerung in den deutschsprachigen Ländern haben? Wenn ja, welche? Welche Aufgaben sehen Sie hier für Public Health?
   (Denken Sie bei dieser Aufgabe bitte an Flüchtlinge und Arbeitsmigranten.)

Lösungsvorschläge zu den Aufgaben

8 Lösungsvorschläge zu den Aufgaben

Im Folgenden finden Sie Lösungsvorschläge für die im Text gestellten Aufgaben. Selbstverständlich können diese Lösungsvorschläge nur Hinweise darauf geben, wie man die Fragen beantworten könnte. Insbesondere bei den Aufgaben, bei denen nach konkreten Beispielen aus Ihrer Erfahrungswelt gefragt wird bzw. die von Ihnen eine (theoretische) Umsetzung eines Lerninhaltes in Ihr persönliches Umfeld erwarten, sollen die hier genannten Antworten als nur Beispiele dienen, an denen Sie sich orientieren können.

8.1 Lösung zu Aufgabe 1.1

Aufgabe 1.1

Fassen Sie kurz zusammen, was Sie unter dem Begriff „Public Health" verstehen. Erläutern Sie bitte dabei auch, ob und ggf. wie sich Ihr Verständnis von „Public Health" durch die Lektüre von Kap. 1.1 geändert hat.

Public Health ist eine angewandte Wissenschaft, die sich mit der Erhaltung und Förderung der Gesundheit von ganzer Bevölkerungen oder von Gruppen in einer Bevölkerung beschäftigt. Beispiele für solche Gruppen sind etwa die Beschäftigten in einem Betrieb, Beschäftigte, Patienten und Angehörige in einem Krankenhaus oder Schüler, Lehrer, Eltern und andere Beschäftigte in einer Schule. Auch die Einwohner eines Dorfes oder einer Stadt könnten eine solche Gruppe bilden. Anders als die Medizin kümmern sich Public-Health-Fachleute also nicht in erster Linie um einzelne Menschen, sondern um Gruppen von Menschen. Dabei beziehen sie auch die Umgebung der Menschen mit in ihre Betrachtungen ein. Gesundheitsfördernde Maßnahmen setzen daher sowohl am Menschen als auch an seiner Umgebung an. Dazu müssen die Public-Health-Fachleute auf Fachkenntnisse (Expertise) aus vielen Bereichen zurückgreifen. Solche Bereiche können z. B. Epidemiologie, Medizin, Biostatistik, Sozial- und Präventivmedizin, Gesundheitssoziologie, Gesundheitspsychologie, Gesundheitsökonomie, Versorgungsforschung, Gesundheitssystemforschung, Gesundheitspolitik oder Ethik sein. Public-Health-Fachleute arbeiten somit in der Regel interdisziplinär.

Um die Gesundheit der Bevölkerung im Rahmen von öffentlichen oder privaten Maßnahmen zu fördern, Krankheiten vorzubeugen und dadurch das Leben der Menschen bei möglichst guter Lebensqualität zu verlängern, formulieren

Public-Health-Fachleute gesundheitspolitische Ziele und Handlungsanweisungen, mit deren Hilfe festgestellte Gesundheitsgefahren bekämpft werden können. Die Feststellung von Gesundheitsgefahren geschieht v.a. dadurch, dass Kommunen, Länder und Staaten sowie Risikogruppen im Hinblick auf mögliche Gesundheitsgefahren überwacht werden *(Surveillance)*. Weiterhin ist es die Aufgabe von Public Health, Maßnahmen zu ergreifen, die darauf abzielen, dass alle Bevölkerungsgruppen Zugang zu einer geeigneten und kostengünstigen gesundheitlichen Versorgung haben.

Ob und ggf. auch wie sich Ihr Verständnis von „Public Health" durch die Lektüre von Kap. 1.1 geändert hat, müssen Sie selbst beurteilen. Vielleicht war Ihnen der Begriff „Public Health" ja bisher ganz unbekannt, oder Sie haben sich etwas völlig anderes darunter vorgestellt? Möglicherweise waren Ihnen auch die Aufgaben von Public Health nicht ganz klar? Oder Sie wussten nicht, dass es sich bei Public Health um ein multidisziplinäres Fach handelt, das die Erkenntnisse und Methoden aus sehr verschiedenen Fachbereichen nutzt?

8.2 Lösung zu Aufgabe 1.2

Aufgabe 1.2

a) Wo finden Sie in Ihrem Arbeitsbereich, Studienbereich oder in Ihrem familiären Bereich Beispiele für Public-Health-Betätigungsfelder?
b) Nennen Sie bitte drei konkrete Beispiele für Maßnahmen, die man entsprechend unserer Definition als Public-Health-Maßnahmen bezeichnen könnte. Falls Sie keine konkreten Maßnahmen finden, überlegen Sie sich bitte drei fiktive Maßnahmen, die in einem der drei Bereiche durchgeführt werden könnten.

8.2.1 Lösung zu Aufgabe 1.2a

Beispiele für Handlungsfelder im Arbeitsbereich

- Festlegung und Kontrolle der Einhaltung von **Arbeitsplatzgrenzwerten** zum Schutz der Beschäftigten vor **Gefahrstoffen** im Arbeitsbereich (gemeinsam mit der Arbeitsmedizin).
- Durchführung einer **Gefährdungsbeurteilung:** Beurteilung der Arbeitsbedingungen (einschließlich der psychischen Belastungen), Umsetzung von Arbeitsschutzmaßnahmen, Kontrolle der Wirksamkeit von Arbeitsschutzmaßnahmen (gemeinsam mit der Arbeitsmedizin).
- Planung, Umsetzung und Kontrolle der Wirksamkeit bei Maßnahmen des **Betrieblichen Gesundheitsmanagements.** Hierzu gehören neben Gesundheitsprogrammen v.a. Maßnahmen der Arbeitsplatzgestaltung, der Arbeits-

organisation, der Arbeitszeitgestaltung, der beruflichen Wiedereingliederung (Return-to-Work) und der Entwicklungsplanung.

Beispiele für Handlungsfelder im Bereich von Schulen und Hochschulen

- Die oben genannten Beispiele für Handlungsfelder im Arbeitsbereich gelten auch für den Arbeitsplatz Schule bzw. Hochschule. Auch hier sind beispielsweise Maßnahmen der **Arbeitsorganisation** und der **Arbeitszeitgestaltung** von großer Bedeutung.
- Typische Handlungsfelder von Public Health sind dabei die **gesunde Gestaltung des Lern- und Arbeitsumfeldes** sowie **der Unterrichts- bzw. Arbeitszeit.** Weitere wichtige Punkte sind z. B. die Integration von **gesunder Ernährung** und **ausreichender Bewegung** in den Lern- und Arbeitsalltag sowie die **Stressreduktion** für Lehrende und Schüler bzw. Studierende.

Achtung

Public Health in Schulen oder Hochschulen kümmert sich nicht nur um die Gesundheit der (Hochschul-)Lehrer, sondern auch um die Gesundheit der dort lernenden Schüler bzw. Studierenden sowie die der Mitarbeiter in der Küche und im Hausmeister-Bereich. Bei der Erarbeitung von Maßnahmen der Gesundheitsförderung sollten darüber hinaus auch immer die Eltern bzw. Erziehungsberechtigten der Schüler miteinbezogen werden.

Beispiele für Handlungsfelder im Bereich der Familie

- Die Information und Beratung über die gesundheitlichen Auswirkungen von Sexualität (in verschiedenen Lebensaltern), die Aufklärung über sexuell übertragbare Erkrankungen, die Information über Methoden der Empfängnisverhütung und über Schwangerschaftsvorsorge.
- Die Aufklärung über die frühkindliche Entwicklung und das Angebot von Maßnahmen, die einer Verbesserung der Gesundheit von Mutter und Kind zum Ziel haben; dies gilt insbesondere für Familien mit niedrigem sozialem Status und Immigranten- bzw. Flüchtlingsfamilien.
- Die Erarbeitung von Maßnahmen, die Kindern und Jugendlichen v. a. aus so genannten Problemvierteln eine sinnvolle Freizeitgestaltung ermöglichen.

8.2.2 Lösung zu Aufgabe 1.2b

Drei konkrete Beispiele für Public-Health-Maßnahmen sind:

1. Maßnahmen der Sturzprävention bei älteren Menschen: u. a. Empfehlung von adäquatem Schuhwerk (im Haus, v. a. aber auch bei widrigen Wetterverhältnissen), angemessene Gehhilfe, körperliches Training, Beseitigung von Gefahrenquellen in der häuslichen Umgebung, Untersuchung und ggf. Verbesserung des Sehvermögens

2. Planung und Umsetzung von Maßnahmen, die dazu führen, dass Kinder wieder häufiger mit dem Fahrrad oder zu Fuß zur Schule kommen:
   - Aktionstage: Zu Fuß zur Schule (s. Linkverzeichnis [36] in Kap. 11)
   - Aufklärung der Eltern und Erziehungsberechtigten über gesundheitliche Folgen von mangelnder Bewegung im Kindesalter
   - Verkehrserziehung, Schulanfängeraktionen, Radfahrausbildung (s. a. Linkverzeichnis [37] in Kap. 11)
   - mit Kindern den Schulweg üben; bei jüngeren Kindern Gruppen bilden, damit die Kinder den Schulweg nicht alleine gehen oder fahren müssen
   - gemeinsam mit Politik und anderen zuständigen Stellen für einen Ausbau sicherer Fahrrad- und Fußwege in der Kommune sorgen
   - für genügend sichere, wettergeschützte Fahrradständer im Schulbereich sorgen
3. Planung und Umsetzung von Maßnahmen zum Lärmschutz in stark von Verkehrslärm belasteten Siedlungsgebieten:
   - Reduzierung des Autoverkehrs in Städten und Gemeinden, ggf. Wechsel zu lärmarmen Elektrofahrzeugen
   - mehr Angebote des öffentlichen Nahverkehrs (Bahn und Bus)
   - Maßnahmen zur Reduzierung von Bremsgeräuschen bei Schienenfahrzeugen
   - mehr Fahrradwege
   - siedlungsferne Straßen- oder Bahntrassen-Führung
   - Verwendung von lärmmindernden Straßendeckschichten
   - Errichtung von Lärmschutzwälle und -wänden
   - Einbau von Lärmschutzfenstern und -türen
   - Dämmung der Außenwände und Dächer von Häusern
   - konsequentes polizeiliches Eingreifen, wenn getunte Motorräder und Autos die vorgeschriebenen Lärmgrenzen überschreiten
   - (zudem: Reduzierung des Lärms aus anderen Lärmquellen, z. B. aus Laubbläsern, Rasenmähern, aber auch zu laute Musik, anderer Freizeitlärm etc.)

8.3 Lösung zu Aufgabe 2.1

Aufgabe 2.1

Welche Bedeutung haben die im 19. Jahrhundert und zu Beginn des 20. Jahrhunderts im englischen Sprachraum so wichtigen Public-Health-Themen „öffentliche Hygiene" (z. B. Wasserreinhaltung, Abwasser etc.), „persönliche Hygiene", Betreuung von Schwangeren und Säuglingen sowie Bekämpfung von Infektionskrankheiten (z. B. durch Impfungen) in unserer heutigen Gesellschaft? Sammeln Sie hierzu aktuelle Informationen aus Tageszeitungen oder von Nachrichtenseiten aus dem Internet und kommentieren Sie die so gewonnenen Informationen im Hinblick auf diese Fragestellung.

Hier finden Sie einige Zeitungs- bzw. Online-Artikel aus den letzten Jahren zu „alten" Public-Health-Themen:

- Spiegel Online (06.11.2014): **Blei im Leitungswasser: „Rohre restlos austauschen"**. Wo kommen noch Bleirohre in der Trinkwasser-Versorgung vor, wie gefährlich sind sie? Ingenieur Thomas Rapp erklärt, wie man sein Risiko verringert, Blei und andere Schwermetalle mit dem Leitungswasser aufzunehmen; (s. Linkverzeichnis [38] in Kap. 11)
- ZEIT Online (19.01.2016): Umweltverschmutzung – **In 35 Jahren mehr Plastik als Fische im Meer** -Jede Minute gelangt ein Müllwagen voller Plastik in die Ozeane. Forscher haben ausgerechnet, dass sich die Menge in den kommenden Jahren vervierfachen könnte. ... Zudem müssten weitere Aspekte berechnet werden, wie der Einfluss auf die menschliche Gesundheit und die Nahrungskette. ... Rechnete man all diese indirekten Folgen von Plastikmüll zusammen, käme man auf einen jährlichen Schaden von 40 Milliarden US-Dollar. Das übertreffe den Gewinn der Plastikindustrie; (s. Linkverzeichnis [39] in Kap. 11)
- Frankfurter Allgemeine (16.03.2015): Lage in Westafrika – **Als wäre Ebola noch nicht genug** – Nach Ebola könnte in Westafrika die nächste Epidemie drohen. Durch den Zusammenbruch der Gesundheitssysteme haben Kinder massenweise die fällige Masernimpfung verpasst. Amerikanische Epidemiologen skizzieren die möglichen Folgen; (s. Linkverzeichnis [40] in Kap. 11)
- Frankfurter Allgemeine (20.03.2015): Verfassungsgemäß – **Frankreich zwingt seine Kinder zur Impfung** – Der französische Verfassungsrat hat entschieden: Erziehungsberechtigte müssen ihre Kinder gegen Tetanus, Diphtherie und Kinderlähmung impfen lassen. Andernfalls drohen ihnen Bußgelder – und Haftstrafen; (s. Linkverzeichnis [41] in Kap. 11)
- ZEIT Online (31.10.2013): Hebammen: **Geburtshilfe lohnt sich nicht mehr.** Hebammen werden extrem schlecht bezahlt. In Deutschland gibt es generell zu wenig Wertschätzung für Kinder, Mütter und die, die sich um sie kümmern; (s. Linkverzeichnis [42] in Kap. 11)

Schon diese fünf Beispiele zeigen, dass die „alten" Public-Health-Themen weiterhin große Bedeutung auch in unseren westlichen Gesellschaften haben.

Beispiel „Infektionskrankheiten": Obwohl man in der Mitte des 20. Jh. der Meinung war, die Infektionskrankheiten nach der Einführung der Antibiotika schon bald ausrotten zu können, zeigt sich in den letzten Jahren immer deutlicher, dass Infektionskrankheiten wieder auf dem Vormarsch sind (u. a. durch die Ausbildung von Resistenzen bei den Krankheitserregern, aber auch durch die Globalisierung mit einem zunehmenden Handels- und Personenverkehr, der es selbst Erregern aus entlegenen Gebieten leicht macht, sich über die Erde zu verbreiten.). Beispiele für Erreger von Infektionskrankheiten, die derzeit international eine große Rolle spielen: Ebola-Virus, Zika-Virus, HIV-Virus, Mycobacterium tuberculosis (Tuberkulose-Erreger), Influenza-Viren (Erreger der Virusgrippe).

8.4 Lösung zu Aufgabe 2.2

Aufgabe 2.2

Beziehen Sie die Frage der Aufgabe 2.1 auf Ihren Arbeits- oder Studienbereich. Sind die genannten Themen dort von Bedeutung? Werden hier entsprechende gesundheitsfördernde bzw. krankheitspräventive Maßnahmen durchgeführt?

Sie könnten sich z.B. fragen, ob bei Ihnen am Arbeitsplatz bzw. an der (Hoch-) Schule regelmäßig oder in Ausnahmefällen (wie z.B. bei einer Grippe-Epidemie) Schutzimpfungen angeboten werden. Gibt es (z.B. am Arbeitsplatz Krankenhaus, Arztpraxis, aber auch im Betrieb, in der Schule oder Hochschule) Möglichkeiten der Händedesinfektion? Werden Schulungen zur Infektionsvorbeugung durchgeführt? Sind Maßnahmen der persönlichen Hygiene vorgeschrieben (z.B. im Bereich der Lebensmittelverarbeitung, des Lebensmittelverkaufs, in Restaurants und Imbissen, aber auch in Krankenhäusern, Arztpraxen etc.)? Werden Maßnahmen der Trinkwasserüberwachung, der Überwachung des Wassers in Schwimmbädern durchgeführt? Wie sehen die Maßnahmen aus, zu denen die Betriebe bei einer Schwangerschaft ihrer Mitarbeiterinnen verpflichtet sind? (Z.B. in Deutschland: Mutterschutzgesetz (MuSchG) zum Schutz von Mutter und Kind während Schwangerschaft und Stillzeit).

8.5 Lösung zu Aufgabe 3.1

Aufgabe 3.1

In Kap. 2.3 haben Sie gelesen, dass der britische Staatsmann und Literaturnobelpreisträger Sir Winston Churchill – wie viele Menschen seiner Zeit – die Ansicht vertrat, dass die „Geistesschwachen" und „Verrückten" eine Bedrohung für den Wohlstand, die Vitalität und die Kraft seiner Gesellschaft darstellten. Er war Vertreter einer Eugenik, die sich als Wissenschaft im Dienst einer gesünderen Menschheit verstand.
Auch Public Health sieht sich als eine Wissenschaft, deren Ziel es ist, mehr Gesundheit in einer Bevölkerung zu erreichen. In welchen Punkten unterscheiden sich Eugenik und Public Health jedoch fundamental?

Die **Eugenik** sah sich – zumindest zu Beginn – als eine Wissenschaft im Dienst einer gesünderen Menschheit. Sie verfolgte also erstens einen bevölkerungsbasierten Ansatz und wollte zweitens die Gesundheit der Bevölkerung verbessern. Beides trifft auch auf Public Health zu. Die Ansatzpunkte der Eugenik und die Mittel, die sie zur Erreichung ihres Ziels anwendete, unterscheiden sich jedoch fundamental von denen, die Public Health für sinnvoll hält. Ziel der Eugenik war es, den Anteil an positiv bewerteten Erbanlagen in der Bevölkerung zu vergrößern *(positive Eugenik)* und gleichzeitig den Anteil an negativ bewerteten Erbanlagen zu verkleinern *(negative Eugenik)*. Hierzu wurden die Menschen in solche mit positiven Erbanlagen und solche mit negativen Erbanlagen aufgeteilt. Die „Wissenschaft" und später die sich ihr bedienende Politik legten damit fest, wer gute und wer schlechte Erbanlagen hatte. Dies führte dann in der Zeit des Nationalsozialismus zur verhängnisvollen Einteilung in lebenswertes und lebensunwertes Leben und wurde zur „wissenschaftlichen Basis" der Ermordung v.a. von Juden, Menschen mit geistiger Behinderung oder psychischer Störung, homosexuellen Menschen, Sinti, Roma und sogar von Menschen mit anderer politischer Einstellung. (Die Vorstellungen davon, was in den Erbanlagen festgelegt ist, waren zu dieser Zeit noch äußerst mangelhaft).

Public Health macht dagegen keinen Unterschied zwischen den Menschen. Alle Menschen sollen gleiche gesundheitliche Chancen haben. Dies bedeutet, dass die Gesundheitschancen nicht von sozialer Schichtzugehörigkeit, Geschlecht, Ethnie, Nationalität etc. abhängig sein sollen. Public Health verfolgt dabei keinen paternalistischen Ansatz[26], bei dem Fachleute zu wissen glauben, was gut für die Menschen ist, sondern möchte durch ein koordiniertes Zusammenwirken aller Beteiligten gesundheitsfördernde Maßnahmen erarbeiten. Public-Health-Maßnahmen sollen dabei nicht von gesellschaftlichen Moralvorstellungen geleitet werden. Stattdessen sollen die besten zurzeit verfügbaren wissenschaftlichen Daten als Basis dienen.

8.6 Lösung zu Aufgabe 3.2

Aufgabe 3.2

Finden Sie Beispiele, wo das Gedankengut der Eugenik in unseren Gesellschaften bzw. in unserer Arbeitswelt – unterschwellig oder auch offen – noch immer eine Rolle spielt? Gibt es hier international Unterschiede?

Das Gedankengut der Eugenik ist eng mit rassistischen Vorstellungen verbunden. Auch heute gibt es noch und verstärkt wieder politische Strömungen, die sich auf eugenische Vorstellungen berufen. Begriffe wie Rassenhygiene und Blutreinheit werden zwar v.a. mit der NS-Zeit verknüpft, sind jedoch inzwischen wieder häufiger zu hören, insbesondere seit große Flüchtlingsströme nach Europa drängen. Vorurteile gegen alles Fremde, das nicht so ist wie die Mehrheitsgesellschaft, sind in vielen Gesellschaften verbreitet. Sie beruhen meist auf Ängsten, durch das „Eindringen von Fremden" den angestammten Platz in einer Gesellschaft zu verlieren, auf den man ein Anrecht zu haben glaubt. Derzeit

26 *Paternalismus:* Handlungen, die gegen den Willen der Betroffenen oder ohne ihre informierte Zustimmung zu ihrem (vermeintlichen) Wohl durchgesetzt werden.

(2016) sind rassistische und sogar eugenische Vorstellungen in Europa beispielsweise von Politikern und politischen Gruppen in Osteuropa (z. B. Ungarn, Polen), aber auch in der Türkei immer wieder zu hören. Unterschwellig oder sogar offen kommen auch in unseren Gesellschaften immer wieder rassistische und/oder eugenische Vorstellungen zum Tragen, z. B. wenn Ressentiments gegen eine Heirat mit einem Angehörigen einer fremden Ethnie geäußert werden, wenn Menschen bei der Wohnungssuche, im Bewerbungsgespräch oder beim Disco-Besuch aufgrund ihrer Herkunft diskriminiert werden, wenn Menschen mit geistiger Behinderung oder psychischer Störung bei Kulturveranstaltungen separate Plätze erhalten, weil ihre Anwesenheit die übrigen Zuschauer/Zuhörer stören würde etc.

8.7 Lösung zu Aufgabe 4

Aufgabe 4

In Kap. 3.1.2 finden Sie eine Auflistung von Public-Health-Aufgaben.

1. Wählen Sie aus den 16 Aufgabenbereichen bitte 6 Bereiche aus. Überlegen Sie sich nun, welche Public-Health-Disziplinen zur Lösung dieser sechs Aufgaben jeweils beitragen können.
2. Begründen Sie Ihre Antworten, indem Sie beschreiben, in welcher Weise die einzelnen Disziplinen hieran beteiligt sind. Näheres zu den Aufgaben der Disziplinen recherchieren Sie bitte im Internet.

8.7.1 Lösung zu Aufgabe 4.1

Siehe Tabelle 8-1.

Tabelle 8–1: Welche Public-Health-Disziplinen können zur Lösung verschiedener Fragestellungen beitragen?

Fragestellung (Beispiele)	Disziplinen, die zur Lösung der Fragestellung beitragen können
1. Wie häufig sind bestimmte Erkrankungen und wie verteilen sie sich in unserer Gesellschaft?	z. B. Epidemiologie, Medizin, Biostatistik, Demografie, Soziologie
2. Was sind die Ursachen von gesundheitlicher Ungleichheit?	z. B. Soziologie, Sozialmedizin, Epidemiologie, Medizin, Biostatistik, Demografie
3. Wie wirksam und effizient (vgl. Kosten-Nutzen-Relation) sind bestimmte Maßnahmen zur Gesundheitsförderung und zur Krankheitsprävention?	z. B. Gesundheitsökonomie, Epidemiologie, Medizin, Biostatistik, Demografie, Versorgungsforschung

Fragestellung (Beispiele)	Disziplinen, die zur Lösung der Fragestellung beitragen können
4. Wie soll ein Gesundheitssystem aussehen, das allen Menschen einen ihrem Bedarf entsprechenden bezahlbaren Zugang zu qualitativ möglichst hochwertigen Versorgungsleistungen bietet?	z.B. Versorgungsforschung, Gesundheitsökonomie, Biostatistik, Demografie, Gesundheitspolitik
5. Wie können Patienten bzw. Einwohner eines Staates, einer Gemeinde angemessen an der Gestaltung ihres Gesundheitssystems beteiligt werden? Wie können sie gesundheitsrelevante Entscheidungen in der Politik mittragen?	z.B. Gesundheitspolitik, Versorgungsforschung, Vertreter von Interessengruppen (Stakeholder)
6. Wie soll die Aus- und Weiterbildung in den verschiedenen Gesundheitsberufen aussehen? Welche Aufgaben sollen die einzelnen Gesundheitsberufe in der gesundheitsbezogenen Versorgung übernehmen?	z.B. Gesundheitspolitik, Versorgungsforschung, Vertreter der verschiedenen Gesundheitsberufe und der einzelnen Public-Health-Forschungsbereiche

8.7.2 Lösung zu Aufgabe 4.2

Begründung zu Fragestellung 1

- *Epidemiologie:* Sie beschäftigt sich mit der Verbreitung von Krankheiten, Todesfällen und gesundheitsbezogenen Zuständen und Ereignissen in der Bevölkerung bzw. in Bevölkerungsgruppen.
- *Medizin*: Sie trägt v.a. mit ihrem Wissen über die verschiedenen Krankheiten, deren Ursachen und Folgen zur Lösung der Fragen in diesem Bereich bei.
- *Biostatistik*: Sie sammelt Daten zu den jeweiligen Fragestellungen, fasst sie zusammen, stellt sie dar und interpretiert sie.
- *Demografie*: Sie trägt Erkenntnisse zu den Merkmalen der jeweils untersuchten Bevölkerung bei.
- *Soziologie/Sozialwissenschaften*: Sie beschäftigt sich in diesem Zusammenhang mit den sozialen Bedingungen der Ursachen und Folgen von Gesundheit und Krankheit.

Begründung zu Fragestellung 2

- *Soziologie/Sozialwissenschaften:* Sie beschäftigt sich in diesem Zusammenhang mit den sozialen Bedingungen der Ursachen und Folgen von Gesundheit und Krankheit.
- *Sozialmedizin:* Sie untersucht z.B. die Zusammenhänge zwischen gesellschaftlichen Faktoren wie Berufstätigkeit und Einkommen und gesundheitlichen Faktoren wie Erkrankung, Tod etc.
- *Epidemiologie:* Sie beschäftigt sich mit der Verbreitung von Krankheiten, Todesfällen und gesundheitsbezogenen Zuständen und Ereignissen in der

Bevölkerung bzw. in Bevölkerungsgruppen und schaut dabei auf gesellschaftlich bedingte Unterschiede.
- *Medizin:* Sie trägt v. a. mit ihrem Wissen über die verschiedenen Krankheiten, deren Ursachen und Folgen zur Lösung der Fragen in diesem Bereich bei.
- *Biostatistik:* Sie sammelt Daten zu den jeweiligen Fragestellungen, fasst sie zusammen, stellt sie dar und interpretiert sie.
- *Demografie:* Sie trägt Erkenntnisse zu den Merkmalen der jeweils untersuchten Bevölkerung bei.

Begründung zu Fragestellung 3

- *Gesundheitsökonomie:* Sie beschäftigt sich damit, wie die in der Regel begrenzten Ressourcen so eingesetzt werden können, dass Public-Health-Ziele möglichst optimal erreicht werden können.
- *Epidemiologie:* Sie trägt hierzu Erkenntnisse von der Verbreitung von Krankheiten, Todesfällen und gesundheitsbezogenen Zuständen und Ereignissen in der Bevölkerung bzw. in Bevölkerungsgruppen bei.
- *Medizin:* Sie ergänzt dies um ihr Wissen über die verschiedenen Krankheiten, deren Ursachen und Folgen.
- *Biostatistik:* Sie sammelt Daten zu den jeweiligen Fragestellungen, fasst sie zusammen, stellt sie dar und interpretiert sie.
- *Demografie:* Sie trägt Erkenntnisse zu den Merkmalen der jeweils untersuchten Bevölkerung bei.
- *Versorgungsforschung:* Sie gibt Hinweise zur Struktur, Wirksamkeit und Leistungsfähigkeit von Angeboten in einem Gesundheitssystem.

Begründung zu Fragestellung 4

- *Versorgungsforschung:* Sie gibt Hinweise zur Struktur, Wirksamkeit und Leistungsfähigkeit von Angeboten in einem Gesundheitssystem.
- *Gesundheitsökonomie:* Sie beschäftigt sich damit, wie die in der Regel begrenzten Ressourcen so eingesetzt werden können, dass Public-Health-Ziele möglichst optimal erreicht werden können.
- *Epidemiologie:* Sie trägt hierzu Erkenntnisse von der Verbreitung von Krankheiten, Todesfällen und gesundheitsbezogenen Zuständen und Ereignissen in der Bevölkerung bzw. in Bevölkerungsgruppen bei.
- *Medizin:* Sie ergänzt dies um ihr Wissen über die verschiedenen Krankheiten, deren Ursachen und Folgen.
- *Biostatistik:* Sie sammelt Daten zu den jeweiligen Fragestellungen, fasst sie zusammen, stellt sie dar und interpretiert sie.
- *Demografie:* Sie trägt Erkenntnisse zu den Merkmalen der jeweils untersuchten Bevölkerung bei.

Begründung zu Fragestellung 5

- *Gesundheitspolitik:* Sie beschäftigt sich mit den politischen Entscheidungen im Gesundheitssystem und damit, wie die Bevölkerung an den entsprechenden gesundheitspolitischen Entscheidungen beteiligt werden soll.
- *Versorgungsforschung:* Sie gibt Hinweise zur Struktur, Wirksamkeit und Leistungsfähigkeit von Angeboten in einem Gesundheitssystem.
- *Stakeholder:* Dies sind hier Interessenvertreter bestimmter Gruppen, die im Gesundheitssystem von Bedeutung sind. Stakeholder können Vertreter der beteiligten Bürger selbst sein, aber auch Vertreter der Kommunen, betroffener Institutionen, Firmen, Schulen etc., Vertreter der Pharmaindustrie und anderer Industrien im Gesundheitsbereich, von Kranken- und Alteneinrichtungen, der WHO und anderer Nichtregierungsorganisationen (NGO) wie etwa dem Roten Kreuz oder dem Arbeitersamariterbund usw., die Angebote im Bereich des Gesundheitswesens machen.

Begründung zu Fragestellung 6

- *Gesundheitspolitik:* Sie beschäftigt sich mit den gesetzlichen Grundlagen der Aus- und Weiterbildung im Gesundheitsbereich.
- *Versorgungsforschung:* Sie gibt Hinweise zur Struktur der bestehenden Ausbildungsangebote im Gesundheitsbereich.
- *Stakeholder:* Dies sind hier Interessenvertreter derjenigen, die in den Berufen des Gesundheitswesens tätig sind. Sie verfügen als Experten über das Wissen, welche Kenntnisse in ihren Berufen benötigt werden, wo ggf. mehr bzw. anderes Wissen nötig ist und wo die Aus- und Weiterbildungsinhalte daher geändert werden sollten.

8.8 Lösung zu Aufgabe 5.1

Aufgabe 5.1

Beschreiben Sie bitte, in welcher Hinsicht sich Sozialmedizin und medizinische Soziologie unterscheiden.
Informieren Sie sich hierzu z.B. über Fachmedien im Internet. Versuchen Sie dabei auch den geschichtlichen Hintergrund mit einzubeziehen (vgl. Kap. 2.3 „Die Bedeutung von Sozialhygiene und Nationalsozialismus für die deutsche Tradition“).

Die **Sozialmedizin** ist ein Bereich der überwiegend **naturwissenschaftlich** geprägten Medizin. Anders dagegen die **Soziologie,** die sich zu den **Sozialwissenschaften** (Gesellschaftswissenschaften) zählt. Die beiden Wissenschaften schauen also von unterschiedlichen Blickpunkten aus auf diese Welt. Auch ihr theoretisches Fundament unterscheidet sich erheblich. Darüber hinaus verwenden sie z.T. unterschiedliche Methoden.

Die **Sozialmedizin** beschäftigt sich v.a. mit den gesellschaftlich bedingten Risiken und Schutzfaktoren, die zur Entstehung von Gesundheit und Krankheit beitragen. Leitidee ist dabei vielfach der so genannte **Risikofaktoren-Ansatz,** der im Rahmen der Krankheitsprävention (Ziel: Verhinderung von Krankheit; im Gegensatz zur Gesundheitsförderung, die die Gesundheit der Menschen vermehren möchte) entwickelt wurde.

Die **medizinische Soziologie** ist trotz ihres Namens kein Teil der Medizin, sondern Teil der Soziologie. Sie wendet sozialwissenschaftliche Methoden an und untersucht mit ihnen die Phänomene des gesellschaftlichen Zusammenlebens der Menschen im Hinblick auf Gesundheit und Krankheit der Menschen.

Die Entstehung der **Sozialhygiene** war ähnlich wie die Entstehung der Soziologie als Wissenschaft eng mit den sozialreformerischen Ansätzen in der Mitte bzw. zum Ende des 19. Jh. verbunden. Vorrangiges Ziel dieser sozialreformerischen Ansätze war es, die prekäre soziale Lage der Arbeiterfamilien zu verbessern. Schon früh sah man in der Sozialhygiene jedoch auch die Notwendigkeit, sich für die zunehmend naturwissenschaftlich orientierte Medizin zu öffnen und einen breiteren, interdisziplinären Ansatz zu verfolgen (z.B. bei der Verhinderung der Ausbreitung von Infektionskrankheiten). Sowohl die Sozialmedizin als auch die medizinische Soziologie stehen in der Tradition dieses interdisziplinären Ansatzes. Allerdings ist die Sozialmedizin weiterhin eher naturwissenschaftlich orientiert, die medizinische Soziologie dagegen eher gesellschaftswissenschaftlich.

8.9 Lösung zu Aufgabe 5.2

Aufgabe 5.2

Informieren Sie sich, wie in Ihrem Arbeits- oder Studienbereich arbeitsmedizinische Probleme und Aufgabenstellungen gehandhabt werden.

1. Welche arbeitsmedizinischen Probleme treten regelmäßig auf?
2. Welche arbeitsmedizinischen Maßnahmen werden durchgeführt?
3. Wer ist für die Durchführung verantwortlich?
4. Welche weiteren Aufgaben übernimmt die Arbeitsmedizin in Ihrem Arbeits- oder Studienbereich?

8.9.1 Handhabung von arbeitsmedizinischen Aufgabenstellungen im Arbeitsbereich

1. Mögliche arbeitsmedizinische Probleme im Bereich Ihrer Arbeit (Beispiele):
   - Stress z.B. durch chronische Überbelastung, Teamkonflikte, ständige Erreichbarkeit und/oder Schichtarbeit
   - Rückenprobleme z.B. durch ungünstige Arbeitsplatzgestaltung, schweres Heben, Bildschirmarbeit

- häufige Infektionskrankheiten bei ständigem Kontakt mit Menschen (insbesondere bei Kontakten mit jungen Menschen; z. B. an Arbeitsplätzen im Gesundheitswesen, im Erziehungs- und Ausbildungsbereich oder auch an Arbeitsplätzen mit Kundenkontakt)

2. Mögliche Maßnahmen, die in diesem Zusammenhang durchgeführt werden könnten (Beispiele):
   - Stress durch Teamkonflikte: regelmäßige Besprechung von Konflikten im Team, ggf. mit Hilfe eines Coaches, evtl. Mediation[27]
   - Stress durch Schichtarbeit: Einführung eines gesundheitsschonenden Schichtrhythmus
   - Rückenprobleme durch ungünstige Arbeitsplatzgestaltung: ergonomische Arbeitsplatzgestaltung[28]
   - häufige Infektionskrankheiten bei Arbeiten in einer Kita:
     - Impfung des Personals sowie der dort betreuten Kinder
     - Einführung von Hygienemaßnahmen (u.a. Schulung der Erzieher/Kinder/Eltern, regelmäßiges Händewaschen etc.)
     - Aufklärung der Eltern darüber, dass kranke Kinder zu Hause betreut werden müssen
     - verhindern, dass krankes Personal die Erreger an die Kinder weitergibt
3. Für die Durchführung von arbeitsmedizinischen Maßnahmen verantwortlich sein sollten in der Regel Arbeitsmediziner und Public-Health-Fachleute, optimalerweise in Zusammenarbeit mit den betroffenen Beschäftigten in den jeweiligen Abteilungen.
4. Beispiele für weitere Aufgaben der Arbeitsmedizin: Einhaltung von Arbeitsplatzgrenzwerten von Gefahrstoffen am Arbeitsplatz, arbeitsmedizinische Vorsorge, Planung und Durchführung von Gesundheitsprogrammen sowie von Maßnahmen der Arbeitszeitgestaltung, der Arbeitsorganisation, der beruflichen Wiedereingliederung nach längerer Krankheit oder bei Behinderung etc.

8.9.2 Handhabung von arbeitsmedizinischen Aufgabenstellungen im Studienbereich

1. Mögliche arbeitsmedizinische Probleme im Studienbereich, die die dort Lehrenden betreffen:
   - Stress infolge von zu großen Unterrichtsgruppen, zu viel Unterrichtsstoff, einer mangelhaften Kommunikationskultur an der Hochschule/Universität, mangelhaftem Rückhalt bei der Hochschulleitung/im Kollegium etc.

27 *Mediation:* Verfahren zur außergerichtlichen, konstruktiven Bearbeitung von Konflikten.

28 *Ergonomische Arbeitsplatzgestaltung:* Technik, räumliche Bedingungen, Betriebsmittel und Arbeitsumfeld werden immer wieder neu an die körperlichen Leistungsvoraussetzungen des Menschen angepasst, um Fehlbelastungen durch Arbeit zu vermeiden.

- Stress und/oder Hörprobleme aufgrund von zu viel Lärm und einer mangelhaften Akustik in den Unterrichtsräumen
- Umgang mit Gefahrstoffen oder Strahlung im Bereich von Laboren oder Untersuchungsbereichen

2. Mögliche Maßnahmen, die in diesem Zusammenhang durchgeführt werden könnten (Beispiele):
   - Stress infolge zu großer Unterrichtsgruppen: Unterricht in kleineren Gruppen, mehr Mittel für die Einstellung weiterer Hochschullehrer, zusätzliche Kleingruppenarbeit, die durch studentische Hilfskräfte aus höheren Semestern betreut wird
   - Hörprobleme aufgrund von zu viel Lärm und mangelhafter Akustik in Unterrichtsräumen:
     - Maßnahmen zur Reduzierung von Lärm im Unterrichtsbereich:
       a. Reduzierung von Außenlärm z. B. von Verkehrslärm durch Lärmschutzfenster, von Baulärm durch Verlegung von Baumaßnahmen, die viel Lärm produzieren, in die unterrichtsfreien Zeiten wie Ferien, Abendstunden, Samstage
       b. Reduzierung von Lärm in den Räumen, z. B. durch Sensibilisierung für das Thema Lärm bei Lehrenden und Studierenden
     - Identifizierung der Situationen, die besonders lärmträchtig sind und Erarbeitung von Präventionsmaßnahmen
     - Installation einer Lärmampel, die die Höhe des Lärmpegels im Raum anzeigt
     - Verwendung von schallabsorbierenden Materialien bei der Raumgestaltung
     - Verwendung von Filzgleitern an den Stühlen
   - Umgang mit Gefahrstoffen im Labor z. B. in Deutschland: Einhaltung der in der Gefahrstoffverordnung (GefStoffV) genannten Richtwerte und Anwendung der dort genannten Schutzmaßnahmen
3. Für die Durchführung von arbeitsmedizinischen Maßnahmen verantwortlich sein sollten in der Regel Arbeitsmediziner und Public-Health-Fachleute, optimalerweise in Zusammenarbeit mit den betroffenen Beschäftigten in den jeweiligen Abteilungen und den betroffenen Studierenden/Lehrenden.
4. Weitere Aufgaben der Arbeitsmedizin: Arbeitsmedizinische Vorsorge, Planung und Durchführung von Gesundheitsprogrammen sowie von Maßnahmen der Arbeitszeitplatzgestaltung, der Arbeitszeitgestaltung, der Arbeitsorganisation, der beruflichen Wiedereingliederung nach längerer Krankheit oder bei Behinderung etc.

8.10 Lösung zu Aufgabe 6

Aufgabe 6

1. Nennen Sie bitte eine Public-Health-Maßnahme, die Sie als ausgebildeter Public-Health-Experte in Ihrem Arbeits- oder Studienbereich planen und durchführen könnten.
2. Welche Fragen müssten Sie sich bei der Planung und Durchführung dieser Maßnahme stellen?
3. Aus welchen Fachdisziplinen wäre Wissen nötig, um diese Fragen zu beantworten?
4. Wen müssten Sie in die Planung der Maßnahme einbeziehen?

Beispiel: **„Fahrradfreundliche Hochschule"**
Fragen, die sich hierbei stellen:

- Was ist das Ziel der Maßnahme? Erhöhung des Anteils der Studierenden, der Lehrenden und anderer Hochschul-Beschäftigter, die regelmäßig mit den Fahrrad zur Hochschule kommen, um ihre Gesundheit durch mehr regelmäßige Bewegung zu fördern
- Wer soll an der Planung beteiligt sein? Beispielsweise Vertreter der Studierenden, der Lehrenden und anderer Hochschul-Mitarbeitenden, Vertreter der Hochschulleitung, Vertreter des technischen Dienstes der Hochschule, ggf. Vertreter der Kommune
- Aus welchen Fachdisziplinen könnte zusätzlich Wissen nötig sein, um die Maßnahmen zu planen und umzusetzen? Vor allem Public Health, Verwaltung, Technik, ggf. aber auch Medizin, Sportwissenschaften, Epidemiologie, Sozialwissenschaften, Gesundheitsökonomie, Gesundheitspolitik
- Welche Fragen spielen bei der Planung und Umsetzung des Projektes noch eine Rolle? Beispiele:
  - Durch welche Einzel-Maßnahmen lässt sich das Ziel erreichen?
  - Ist die Wirksamkeit der gefundenen Einzel-Maßnahmen wissenschaftlich nachgewiesen?
  - Lassen sich die Maßnahmen in der vorgegebenen Zeit umsetzen?
  - Wie hoch ist der Aufwand, um dieses Ziel zu erreichen?
  - Stehen genügend (finanzielle, personelle, materielle, infrastrukturelle) Ressourcen zur Verfügung?
  - Stehen Kosten und Nutzen bei diesem Projekt in einem akzeptablen Verhältnis?

8.11 Lösung zu Aufgabe 7.1

Aufgabe 7.1

a) Welche internationalen oder nationalen Public-Health-Programme kannten Sie, bevor Sie dieses Kapitel gelesen hatten?
b) Beteiligt sich Ihr Arbeitgeber/Ihre Schule oder Hochschule an einem Public-Health-Programm? Wenn ja, an welchem und in welcher Form?

Nur Sie selbst können beurteilen, welche internationalen oder nationalen Public-Health-Programme Sie kannten, bevor Sie dieses Kapitel gelesen haben.

Es könnte z.B. sein, dass Sie zuvor schon von globalen Impfprogrammen gehört haben oder von Programmen zur Bekämpfung des Tabakrauchens. Möglicherweise kannten Sie auch schon internationale, nationale oder regionale Programme, deren Ziel eine Verbesserung der Ernährung und/oder eine vermehrte körperliche Aktivität ist? Vielleicht aber hatten Sie auch schon von Programmen gehört, die die Sterblichkeit bei Brustkrebs reduzieren und die Lebensqualität der betroffenen Frauen erhöhen möchten? Oder von Programmen, deren Ziel ein gesundes Altern ist? Oder von Programmen, die über Blutspende bzw. Organspende informieren und die zur Blutspende bzw. zum Ausfüllen eines Organspende-Ausweises aufrufen?

8.12 Lösung zu Aufgabe 7.2

Aufgabe 7.2

An welchem der hier vorgestellten internationalen oder nationalen Public-Health-Programme sollte sich nach Ansicht Ihrer Kollegen Ihr Betrieb/Ihre Schule oder Hochschule beteiligen? Führen Sie hierzu eine kleine Umfrage durch. Sie können dies mündlich oder schriftlich tun, per Telefon oder online. Erstellen Sie dazu einen kurzen Fragebogen (max. 4 Fragen) und legen Sie ihn Ihren Kollegen vor. Werten Sie Ihre Ergebnisse aus und berichten Sie kurz über die Erfahrungen, die Sie bei der Durchführung dieser Aufgabe gemacht haben.

8.12.1 Beispiel-Fragebogen

Abbildung 8-1 zeigt ein Beispiel für einen kleinen Fragebogen, mit dessen Hilfe Sie Ihre Kollegen bzw. Ihre Kommilitonen befragen könnten. Da die meisten von Ihnen wahrscheinlich Anfänger im Bereich Public Health sind und keine oder nur wenig Kenntnisse im Bereich der Fragebogenerstellung haben, kommt es hier nicht darauf an, einen möglichst perfekten Fragebogen zu entwickeln.

Es ist wichtig, dass Sie

- selbst erste Erfahrungen mit einer Befragung machen,
- dabei feststellen, wo es Probleme geben könnte,
- erfahren, dass es vielleicht nicht ganz so einfach ist, wie Sie es sich vorgestellt haben (z. B. im Hinblick auf die Gewinnung von Teilnehmern) und
- sehen, dass leicht verständliche Fragen nicht immer einfach zu formulieren sind etc.

Bitte nehmen Sie den folgenden Fragebogen (s. Abbildung 8-1) und die anschließende Auswertung der hypothetischen Daten daher als Anregung, über die Sie einen ersten Einblick in ein neues Gebiet bekommen können. Vielleicht regt es Sie ja an, selbst z. B. mit Hilfe von Microsoft Excel© eine kleine Auswertung zu machen und die Daten dann auch in Form von Diagrammen optisch darzustellen.

Kurzfragebogen über die Teilnahme der Hochschule an einem Public-Health-Programm zur Gesundheitsförderung

Herzlichen Dank, dass Sie sich bereit erklärt haben, unseren Kurzfragebogen zum Thema „Teilnahme der Hochschule an einem Public-Health-Programm zur Gesundheitsförderung" auszufüllen. Der Fragebogen enthält insgesamt vier Fragen. Das Ausfüllen des Fragebogens wird weniger als fünf Minuten dauern. Beantworten Sie bitte alle Fragen.

Kreuzen Sie bitte bei den folgenden Fragen die für Sie zutreffende(n) Antwort(en) an.

1. Ich bin

- Student/Studentin
- Lehrende/Lehrender
- MitarbeiterIn in der Verwaltung, im technischen Dienst, in der Mensa etc.

2. Ich kenne folgende Ziele von Gesundheitsförderungs-Programmen: (Mehrfachantworten möglich)

- Ausrottung der Masern in Deutschland
- Eindämmung des Tabakgebrauchs
- Bekämpfung von Übergewicht
- Mehr körperliche Bewegung
- Erhöhung der Gesundheitskompetenz
- Depressive Erkrankungen verhindern bzw. früh erkennen
- Prävention von sexuellem Missbrauch
- Aidsprävention und Prävention von sexuell übertragbaren Erkrankungen
- Ich kenne keine der genannten Ziele von Gesundheitsförderungs-Programmen.

3. Ich denke, dass es sinnvoll ist, Gesundheitsförderungs-Programme mit folgenden Zielen an der Hochschule umzusetzen, da Mitglieder der Hochschule von den angesprochenen Gesundheitsproblemen betroffen sein können (Mehrfachantworten möglich)

- Ausrottung der Masern in Deutschland
- Eindämmung des Tabakgebrauchs
- Bekämpfung von Übergewicht
- Mehr körperliche Bewegung
- Erhöhung der Gesundheitskompetenz
- Depressive Erkrankungen verhindern bzw. früh erkennen
- Prävention von sexuellem Missbrauch
- Aidsprävention und Prävention von sexuell übertragbaren Erkrankungen
- Ich denke nicht, dass es sinnvoll ist, Gesundheitsförderungs-Programme mit den genannten Zielen an unserer Hochschule umzusetzen.

4. Ich möchte, dass sich unsere Hochschule an Gesundheitsförderungs-Programmen beteiligt, die folgende Ziele haben (Mehrfachantworten möglich)

- Ausrottung der Masern in Deutschland
- Eindämmung des Tabakgebrauchs
- Bekämpfung von Übergewicht
- Mehr körperliche Bewegung
- Erhöhung der Gesundheitskompetenz
- Depressive Erkrankungen verhindern bzw. früh erkennen
- Prävention von sexuellem Missbrauch
- Aidsprävention und Prävention von sexuell übertragbaren Erkrankungen
- Ich möchte nicht, dass sich unsere Hochschule an einem Gesundheitsförderungs-Programm mit den genannten Zielen beteiligt.

Herzlichen Dank, dass Sie diesen Fragebogen ausgefüllt haben!

Abbildung 8-1: Kurzfragebogen über die Teilnahme der Hochschule an einem Public-Health-Programm zur Gesundheitsförderung.

8.12.2 Beispiel für eine Ergebnisauswertung anhand von fiktiven[29] Daten

Frage 1

An Ihrer Umfrage haben insgesamt 54 Probanden teilgenommen. Es waren 34 Studierende (63,0 %), 12 Lehrende (22,2 %) und 8 Mitarbeiter aus Verwaltung, technischem Dienst, Mensa etc. (14,8 %). Abbildung 8-2 zeigt die prozentuale Verteilung in einem Kuchendiagramm.

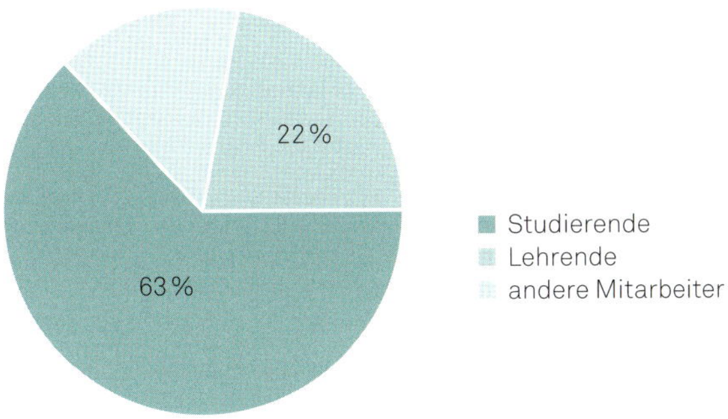

Abbildung 8-2: Ergebnisse zu Frage 1. Zusammensetzung der Probanden.

Frage 2

Tabelle 8-2 zeigt, wie vielen Probanden die genannten Ziele von Gesundheitsförderungsprogrammen bekannt waren.

Tabelle 8–2: Ergebnisse zur Frage, welche Ziele von Gesundheitsförderprogrammen den Probanden bekannt waren.

	Anzahl	Prozentsatz	Rangfolge
Ausrottung der Masern in Deutschland	0	0,0 %	6.
Eindämmung des Tabakgebrauchs	49	90,7 %	3.
Bekämpfung von Übergewicht	49	90,7 %	3.
Mehr körperliche Bewegung	51	94,4 %	2.
Erhöhung der Gesundheitskompetenz	0	0,0 %	6.
Depressive Erkrankungen verhindern bzw. früh erkennen	2	3,7 %	5.
Prävention von sexuellem Missbrauch	39	72,2 %	4.
Aidsprävention und Prävention von sexuell übertragbaren Erkrankungen	53	98,2 %	1.
Keines der Ziele von Gesundheitsförderungs-Programmen ist bekannt	0	0,0 %	

29 *fiktiv:* angenommen.

Abbildung 8-3 zeigt die Ergebnisse von Frage 2.

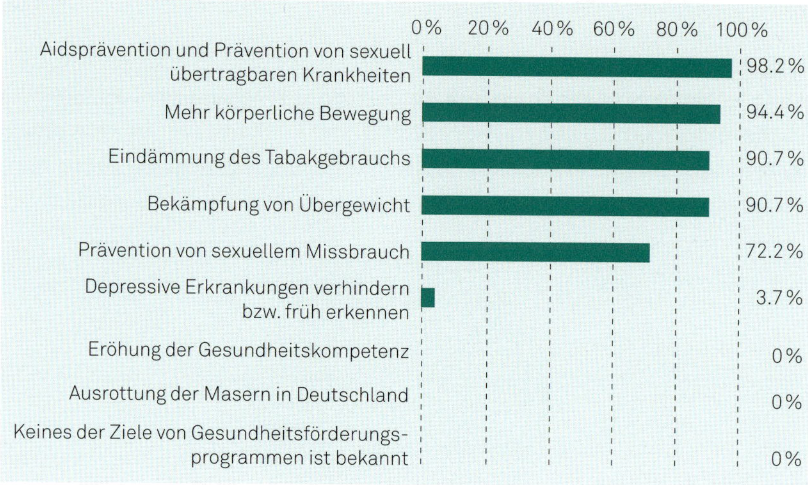

Abbildung 8–3: Darstellung der Ergebnisse zur Frage, welche Ziele von Gesundheitsförderprogrammen den Probanden bekannt waren.

Bei dem Ziel „Prävention von sexuellem Missbrauch" könnte es deutliche Unterschiede zwischen den Antworten der Studierenden und denen der Lehrenden bzw. anderen Hochschul-Mitarbeitern gegeben haben. Es könnten z.B. alle 34 Studierenden (= 100 % der Studierenden) hiervon gehört haben, aber nur 6 Lehrende (= 50 % der Lehrenden) und 3 Probanden aus der Gruppe der anderen Hochschul-Mitarbeiter (= 37,5 % der anderen Hochschul-Mitarbeiter). Abbildung 8-4 zeigt eine grafische Darstellung der unterschiedlichen Zustimmung der

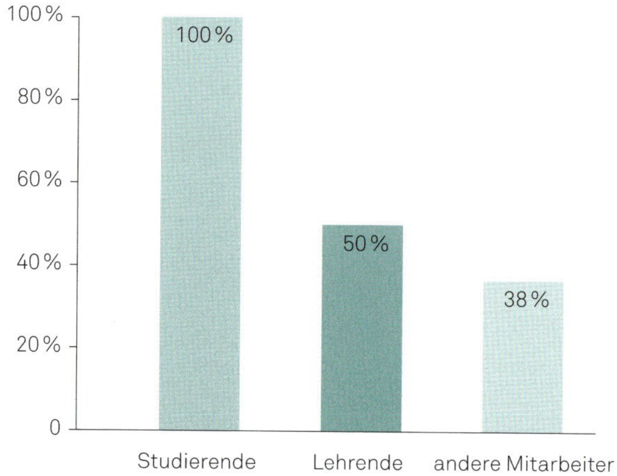

Abbildung 8-4: Darstellung der unterschiedlichen Zustimmung der verschiedenen Probandengruppen zur Bekanntheit des Präventions-Ziel „Prävention von sexuellem Missbrauch" aus Frage 2.

verschiedenen Probandengruppen zur Bekanntheit des Präventions-Ziel „Prävention von sexuellem Missbrauch" aus Frage 2.

Am bekanntesten waren somit die Ziele:
(1.) AIDS-Prävention und Prävention von sexuell übertragbaren Krankheiten
(2.) Mehr körperliche Bewegung
(3.) Bekämpfung von Übergewicht / Eindämmung des Tabakgebrauchs

Am wenigsten bekannt waren die Ziele:
(1.) Ausrottung der Masern in Deutschland
(2.) Erhöhung der Gesundheitskompetenz
(3.) Depressive Erkrankungen verhindern bzw. früh erkennen

Es gab deutliche Unterschiede zwischen den verschiedenen Probanden-Gruppen beim Ziel „Prävention von sexuellem Missbrauch".

Niemand gab an, keines der Ziele zu kennen.

Frage 3

Tabelle 8-3 zeigt diejenigen Ziele von Gesundheitsförderungsprogrammen an der Hochschule, bei denen eine Umsetzung nach Ansicht der Probanden sinnvoll sein könnte, weil Hochschulmitglieder von einem der angesprochenen Gesundheitsprobleme betroffen sein könnten.

Tabelle 8–3: Ergebnisse zur Frage, ob es sinnvoll wäre, bestimmte Ziele von Gesundheitsförderungsprogrammen an der Hochschule umzusetzen, weil Hochschulmitglieder von einem der angesprochenen Gesundheitsprobleme betroffen sein könnten.

	Anzahl	Prozentsatz	Rangfolge
Ausrottung der Masern in Deutschland	0	0,0 %	8.
Eindämmung des Tabakgebrauchs	13	24,1 %	5.
Bekämpfung von Übergewicht	42	77,8 %	2.
Mehr körperliche Bewegung	48	88,9 %	1.
Erhöhung der Gesundheitskompetenz	4	7,4 %	7.
Depressive Erkrankungen verhindern bzw. früh erkennen	9	16,7 %	6.
Prävention von sexuellem Missbrauch	37	68,5 %	3.
Aidsprävention und Prävention von sexuell übertragbaren Erkrankungen	18	33,3 %	4.
Keines der Programme ist sinnvoll	3	5,6 %	

Die Probanden halten es für besonders sinnvoll, folgende Programme an der Hochschule umzusetzen:
(1.) Mehr körperliche Bewegung
(2.) Bekämpfung von Übergewicht
(3.) Prävention von sexuellem Missbrauch

Die Probanden halten es für wenig sinnvoll, folgende Programme an der Hochschule umzusetzen:
(1.) Ausrottung der Masern in Deutschland
(2.) Erhöhung der Gesundheitskompetenz
(3.) Depressive Erkrankungen verhindern bzw. früh erkennen

Nur wenige Probanden (5,6 %) hielten es nicht für sinnvoll, eines der Programme an der Hochschule umzusetzen.

Auch bei dieser Frage könnten sich die Antworten der einzelnen Probanden-Gruppen möglicherweise wieder unterscheiden.

Frage 4

Tabelle 8-4 zeigt die Meinung der Probanden, ob die Hochschule an Gesundheitsförderungsprogrammen mit bestimmten Zielen teilnehmen soll.

Tabelle 8-4: Ergebnisse zur Frage, ob die Hochschule an Gesundheitsförderungsprogrammen zu bestimmten Zielen teilnehmen soll.

	Anzahl	Prozentsatz	Rangfolge
Ausrottung der Masern in Deutschland	0	0,0 %	7.
Eindämmung des Tabakgebrauchs	8	14,8 %	5.
Bekämpfung von Übergewicht	38	70,4 %	2.
Mehr körperliche Bewegung	48	88,9 %	1.
Erhöhung der Gesundheitskompetenz	0	0,0 %	7.
Depressive Erkrankungen verhindern bzw. früh erkennen	2	3,7 %	6.
Prävention von sexuellem Missbrauch	25	46,3 %	3.
Aidsprävention und Prävention von sexuell übertragbaren Erkrankungen	11	20,4 %	4.
Hochschule soll sich an keinem der genannten Programme beteiligen	6	11,1 %	

Die Probanden möchten, dass die Hochschule folgenden Programmen teilnimmt:
(1.) Mehr körperliche Bewegung
(2.) Bekämpfung von Übergewicht
(3.) Prävention von sexuellem Missbrauch

Die Probanden möchten nicht, dass die Hochschule folgenden Programmen teilnimmt:
(1.) Ausrottung der Masern in Deutschland
(2.) Erhöhung der Gesundheitskompetenz
(3.) Depressive Erkrankungen verhindern bzw. früh erkennen

Etwas mehr als 10 % der Probanden (11,1 %) möchten überhaupt nicht, dass ihre Hochschule an einem der Gesundheitsförderungs-Programme teilnimmt.

Abbildung 8-5 zeigt die Unterschiede im Grad der Zustimmung zu Frage 3 und Frage 4.

Es gibt eine große Übereinstimmung bei den Ergebnissen von Frage 3 und Frage 4. An den Programmen, die von den Probanden für besonders sinnvoll gehalten wurden, soll die Hochschule ihrer Ansicht nach auch an teilnehmen. Allerdings ist der Grad der Zustimmung zu den einzelnen Punkten bei Frage 3 (Ziel ist sinnvoll) deutlich höher als bei Frage 4 (Hochschule soll teilnehmen). Dies deutet darauf hin, dass einige der Probanden hier zwar theoretisch zustimmen, dass sie jedoch möglicherweise zweifeln, ob sie und ggf. andere Hochschulangehörige das Programm dann aktiv (z. B. durch Teilnahme) unterstützen.

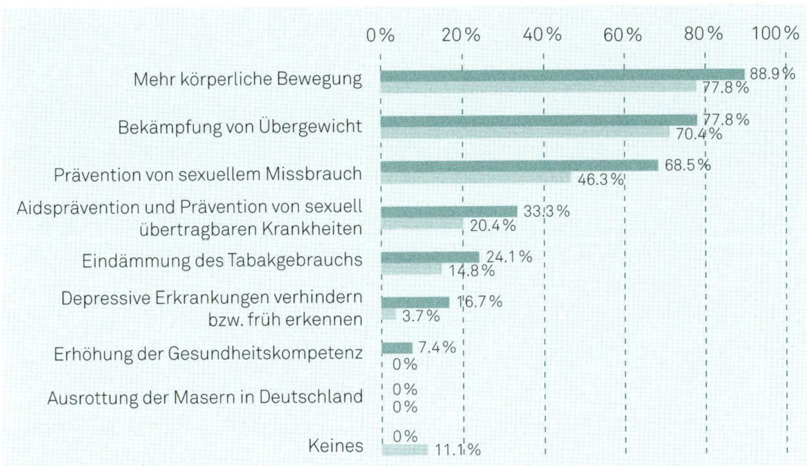

Abbildung 8–5: Unterschiede im Grad der Zustimmung zu Frage 3 und Frage 4.

8.13 Lösung zu Aufgabe 8.1

Aufgabe 8.1

Welche Public-Health-Methoden haben Sie bei Ihrer kleinen Umfrage (Aufgabe 7.2) angewandt?

Der Fragebogen wurde mit Hilfe **sozialwissenschaftlicher Methoden** zur Fragebogenkonstruktion erstellt. Er besteht aus geschlossenen Fragen, bei denen Antwortalternativen vorgegeben wurden. Bei einigen Fragen sind Mehrfachantworten möglich.

Die Auswertung des Fragebogens geschah mit Hilfe von **(bio-)statistischen Methoden.** Bei den ermittelten Daten handelt es sich um quantitative Daten. Es sind jeweils absolute (absoluter Wert) und relative Häufigkeiten (Prozentsatz) angegeben. Die Ergebnisse wurden in Tabellenform aufgelistet und anschließend z. T. grafisch dargestellt. Verwendet wurde hierzu eine so genannte Kuchen- oder Tortengrafik (Kreisdiagramm, *Pie chart*; Frage 1), zwei Balkengrafiken *(Bar chart*, Frage 2 sowie Fragen 3 und 4) sowie eine Säulengrafik (Frage 2).

8.14 Lösung zu Aufgabe 8.2

Aufgabe 8.2

Bitte lesen Sie den folgenden Text:

Studie des Robert-Koch Instituts: Verbreitung des Rauchens in der Erwachsenenbevölkerung in Deutschland

„Nach der aktuellsten Studie zur Gesundheit Erwachsener in Deutschland des Robert-Koch Instituts (DEGS1) zur Verbreitung des Rauchens in der 18- bis 79-jährigen Bevölkerung ist das Rauchen nach wie vor stark verbreitet. Nach den Daten der Studie (DEGS1), die vom Robert Koch-Institut in den Jahren 2008 bis 2011 erhoben wurden, rauchen 29,7 % der 18- bis 79-jährigen Erwachsenen (Frauen = 26,9 %, Männer = 32,6 %). Der Anteil der Frauen und Männer, die 20 oder mehr Zigaretten am Tag rauchen, beträgt 6,0 bzw. 10,6 %. Am stärksten verbreitet ist das Rauchen bei jungen Erwachsenen, außerdem bei Personen mit niedrigem Sozialstatus, die auch überproportional zu den starken Rauchern zu zählen sind. Der Vergleich mit den Daten früherer Gesundheitssurveys deutet darauf hin, dass der Anteil der Raucherinnen und Raucher im Verlauf der letzten 10 Jahre etwas zurückgegangen ist."

Quelle: Lampert T, von der Lippe E, Müters S. Verbreitung des Rauchens in der Erwachsenenbevölkerung in Deutschland. Ergebnisse der Studie zur Gesundheit Erwachsener in Deutschland (DEGS1). Bundesgesundheitsblatt 56: 802–808 (2013), DOI 10.1007/s00103-013-1698-1

Über den folgenden Link (s. Linkverzeichnis [31] in Kap. 11) finden Sie die oben zitierte Studie. Bitte lesen Sie sich auch diesen Text durch.

Beantworten Sie dann folgende Frage: Welche Methoden wurden im Rahmen der zitierten Studie an welchen Stellen beschrieben?

Wenn Sie Anfänger im Bereich Public Health sind, ist es sicherlich nicht ganz einfach für Sie, diese Frage zu beantworten, da Ihnen eventuell die Grundlagen im Bereich Epidemiologie und Biostatistik fehlen. Trotzdem haben Sie vielleicht einige der folgenden Punkte erkannt. Die zur Beantwortung der Frage nötigen Informationen finden Sie in Kap. 6.

8.14.1 Gegenstand der Untersuchung

Bei der Untersuchung zur Verbreitung des Rauchens in der Erwachsenenbevölkerung in Deutschland handelt es sich um einen Bestandteil der „Studie Gesundheit Erwachsener in Deutschland" (DEGS) im Rahmen des Gesundheitsmonitorings[30] des Robert Koch-Instituts (RKI).

Robert Koch-Institut

Das Robert Koch-Institut (RKI) ist ein Bundesinstitut im Geschäftsbereich des deutschen Bundesministeriums für Gesundheit. Als zentrale Einrichtung der Bundesregierung dient es v.a. der Krankheitsüberwachung und -prävention. Es ist die zentrale Einrichtung des Bundes auf dem Gebiet der anwendungs- und maßnahmenorientierten biomedizinischen Forschung.

8.14.2 Zielpopulation/Teilnehmer

Als **Zielpopulation** wurde die in Deutschland lebende Bevölkerung im Alter von 18 bis 79 Jahren festgelegt. Die Teilnehmer an der Studie wurden (a) als Stichprobe aus den Daten der Einwohnermeldeämter gezogen (Anzahl: n = 4.193) und (b) durch ehemalige Teilnehmer einer Vorgängerstudie (Bundes-Gesundheitssurveys 1998, BGS98; Anzahl: n = 3.959) ergänzt. 88,8 % der Teilnehmer besuchten eines der Untersuchungszentren, nur 11,2 % wurden ausschließlich befragt.

30 *Gesundheitsmonitoring:* systematische Erfassung von Gesundheitsdaten.

8.14.3 Studiendesign[31]

Im Rahmen der ersten Erhebungswelle der „Studie Gesundheit Erwachsener in Deutschland" (DEGS1), die 2008 bis 2011 durchgeführt wurde, wurden **Befragungen, Untersuchungen** und **Tests** durchgeführt. Zusätzlich zu der in diesem Zeitraum durchgeführten Datenerhebung wurden Daten aus früheren Untersuchungen zum Vergleich bzw. zur Ermittlung von **Trends**[32] hinzugezogen. Der DEGS1 liegt also ein Mischdesign zugrunde, das Querschnittsuntersuchungen und Längsschnittuntersuchungen ermöglicht. Die **Querschnittsuntersuchungen** beziehen sich auf den Untersuchungszeitraum der ersten Erhebungswelle (DEGS1). Die **Längsschnittuntersuchungen** vergleichen die Ergebnisse der DEGS1 mit vorherigen Untersuchungen, wie z. B. den Ergebnissen des Bundes-Gesundheitssurveys 1998 (BGS98). Da die Teilnehmer an den verschiedenen Studien zwar alle für die untersuchte Bevölkerung **repräsentativ**[33] sind, sich jedoch trotzdem im Hinblick auf Alter, Geschlecht, Region und Staatsangehörigkeit sowie Gemeindetyp und Bildung geringfügig unterscheiden, werden diese Unterschiede - soweit möglich - mit Hilfe statistischer Verfahren ausgeglichen. Bei der Interpretation der erhobenen Daten ist zu berücksichtigen, dass der überwiegende Teil der DEGS1-Daten **in speziellen Studienzentren erhoben** wurden, während es sich bei den ebenfalls zum Vergleich bzw. zur Trendforschung herangezogenen Daten von GSTel03 und GEDA09 um Daten handelt, die **telefonisch** ermittelt wurden. Das unterschiedliche Design der Studien führte hier zu Unterschieden in der Teilnahmebereitschaft und der Stichprobenzusammensetzung. Weiterhin unterschieden sich einige der hinzugezogenen älteren Studien in der untersuchten **Altersspanne** der Teilnehmer (GEGS1 u. a. Studien: 18–79 Jahre; NUST2 und SURVEY OST: 25–69 Jahre). Die genannten Unterschiede konnten nur zum Teil statistisch ausgeglichen werden.

8.14.4 Art der betrachteten Parameter

Die vorliegende Untersuchung betrachtete v. a. **Prävalenzen** oder Krankheitshäufigkeiten. Hierunter versteht man die zu einer bestimmten Zeit *(hier:* zwischen 2008 bis 2011) in einer definierten Bevölkerungsgruppe *(hier:* der die in Deutschland lebende Bevölkerung im Alter von 18 bis 79 Jahren) vorhandene Anzahl an Personen, die an einer bestimmten Krankheit erkrankt sind oder die

31 *Studiendesign:* Untersuchungs- oder Versuchsanordnung einer wissenschaftlichen Studie.

32 *Trend:* in diesem Zusammenhang die Beschreibung einer Veränderung im zeitlichen Verlauf; Trends erlauben eine Aussage über die zukünftige Entwicklung.

33 *repräsentativ:* Ist eine Studie repräsentativ, dann können aufgrund ihrer Eigenschaften Aussagen über die Grundgesamtheit (d. h. in diesem Fall: die in Deutschland lebende Bevölkerung im angegebenen Alter) gemacht werden.

ein bestimmtes Verhalten zeigen. Die Prävalenzen wurden jeweils mit dem 95%-Konfidenzintervall (= 95%-Vertrauensintervall) angegeben. Dieses Intervall gibt in der Statistik die Zuverlässigkeit oder Präzision der Lageschätzung eines Parameters *(hier:* des Prävalenz-Wertes) an. Beim Parameter „Rauchverhalten" wurde festgelegt, was unter einem bestimmten aktuellen bzw. früheren Rauchverhalten zu verstehen ist, und in welche Kategorien die Intensität des Rauchens eingeteilt werden soll.

8.14.5 Art der Auswertung

Die Prävalenzwerte wurden dann im Hinblick auf das Alter, das Geschlecht und den sozialen Status **stratifiziert**[34], um eventuelle Unterschiede zwischen den Gruppen herausarbeiten zu können. Bei der Unterscheidung nach dem Sozialstatus wurde zuvor festgelegt, was darunter zu verstehen ist. Er wurde anhand eines Indexes bestimmt, in den die Angaben zu schulischer und beruflicher Ausbildung, zur beruflichen Stellung sowie zum **Haushaltsnettoeinkommen (bedarfsgewichtet)** eingingen. Der Index erlaubte eine Einteilung der Studienteilnehmer in eine Gruppe mit niedrigem, mittlerem bzw. hohem Sozialstatus.

Bedarfsgewichtetes Haushaltsnettoeinkommen

Das bedarfsgewichtetes Haushaltsnettoeinkommen wird auch als Äquivalenzeinkommen (ÄE) bezeichnet. Es ist das Einkommen, das jedem Mitglied eines Haushaltes den gleichen Lebensstandard ermöglichen würde wie es ihn derzeit innerhalb der Haushaltsgemeinschaft hat, auch dann, wenn es erwachsen wäre und alleine leben würde. Um dies zu berechnen, wird das gesamte Haushaltseinkommen aufaddiert und dann anhand einer Äquivalenzskala gewichtet. Diese Gewichtung geschieht im Hinblick auf die Anzahl und das Alter der Personen im Haushalt.

Um die Veränderungen im Zeitverlauf besser beurteilen zu können, wurden zusätzlich u.a. auch **Regressionsanalysen** durchgeführt. Hierunter versteht man statistische Analyseverfahren, mit deren Hilfe Beziehungen zwischen einer abhängigen *(hier:* z.B. das aktuelle Rauchverhalten) und einer (oder mehreren) unabhängigen Variablen *(hier:* z.B. Alter, Geschlecht, sozialer Status) beschrieben werden können.

34 *stratifiziert:* In diesem Fall bedeutet „stratifizieren", dass eine statistischen Stichprobe in kleinere Gruppen aufgespalten bzw. eingeteilt wird.

8.15 Lösung zu Aufgabe 9.1

Aufgabe 9.1

Welche der aktuellen Entwicklungen und Herausforderungen von Public Health werden Ihrer Ansicht nach an Ihrem Arbeits- oder Studienplatz in Zukunft eine Rolle spielen? Begründen Sie dies.

Im Ihrem Arbeitsbereich werden sich in den nächsten Jahren wahrscheinlich Auswirkungen des **demografischen Wandels** zeigen. Bei einer älter werdenden Belegschaft in einem Betrieb wird es voraussichtlich zu einer Zunahme an **chronischen Erkrankungen** (v. a. psychischen Störungen, Erkrankungen des Bewegungsapparates, Diabetes mellitus und andere Folgen von krankhaftem Übergewicht, Herz-Kreislauf-Erkrankungen, Tumorerkrankungen etc.) und damit zu einer Zunahme von längeren Fehlzeiten kommen. Dies wird insbesondere dann gelten, wenn die Lebensarbeitszeit verlängert wird und viele Menschen über das 65. Lebensjahr hinaus arbeiten werden. Dabei werden auch Aspekte der **gesundheitlichen Ungleichheit** auf der Basis von **sozialer Ungleichheit** eine Rolle spielen. Menschen mit höherer Bildung und höherem sozialen Status werden im gleichen Alter ungleich seltener hiervon betroffen sein als Menschen mit niedrigerer Bildung und niedrigem sozialem Status. Eine Rolle spielt in diesem Zusammenhang auch die Migration. Migranten haben im Durchschnitt deutlich schlechtere gesundheitliche Chancen als Nicht-Migranten.

Wahrscheinlich wird es auch in den nächsten Jahren und Jahrzehnten immer wieder zum Ausbruch von **Infektionskrankheiten** kommen, die sich über größere Gebiete **(Epidemie)** oder sogar weltweit ausbreiten **(Pandemie).** So könnten beispielsweise neue Grippewellen das Leben, Arbeiten und Studieren auch in den deutschsprachigen Ländern zumindest teilweise zum Erliegen bringen. Hier kann Public Health eingreifen, geeignete Institutionen ins Leben rufen, Strategien und Maßnahmen erarbeiten, um die Ausbreitung gefährlicher Erreger weltweit einzudämmen und zugleich den Menschen einen bezahlbaren Zugang zu qualitativ möglichst hochwertigen Versorgungsleistungen zu ermöglichen. Eine besondere Rolle sollte dabei die Einrichtung von nachhaltigen gesundheitsfördernden Strukturen hier in Europa, aber v. a. auch in den noch wenig entwickelten Staaten Afrikas, Asiens, Süd- und Mittelamerikas spielen. Wie groß der Bedarf an solchen Einrichtungen und Leistungen ist, hat nicht zuletzt die in vielen Aspekten ungenügende Handhabung der Ebola-Krise in Westafrika im Jahr 2014 gezeigt.

8.16 Lösung zu Aufgabe 9.2

Aufgabe 9.2

Forschen Sie bitte im Internet nach aktuellen wissenschaftlichen Veröffentlichungen, die die derzeitigen Entwicklungen und zukünftigen Herausforderungen im Bereich der Betrieblichen Gesundheitsförderung zum Thema haben! Stellen Sie eine Liste dieser Veröffentlichungen zusammen.
Sie können dies z. B. über die Datenbank PubMed tun (s. Linkverzeichnis [34] in Kap. 11) oder hierzu auch das Ressourcenverzeichnis des Verlags De Gruyter verwenden (s. Linkverzeichnis [35] in Kap. 11).

8.16.1 Beispiele für Veröffentlichungen zur aktuellen Forschung in der Betrieblichen Gesundheitsförderung

- Keller J, Gellert P, Knoll N, Schneider M, Ernsting A. Self-Efficacy and Planning as Predictors of Physical Activity in the Context of Workplace Health Promotion. Appl Psychol Health Well Being. 2016 Jun 14. doi: 10.1111/aphw.12073; s. Linkverzeichnis [43] in Kap. 11
- Choo EK, Kass D, Westergaard M, Watts SH, Berwald N, Regan L, Promes SB, Clem KJ, Schneider SM, Kuhn GJ, Abbuhl S, Nobay F. The Development of Best Practice Recommendations to Support the Hiring, Recruitment and Advancement of Women Physicians in Emergency Medicine. Acad Emerg Med. 2016 Jun 11. doi: 10.1111/acem.13028; s. Linkverzeichnis [44] in Kap. 11
- Jørgensen MB, Villadsen E, Burr H, Punnett L, Holtermann A. Does employee participation in workplace health promotion depend on the working environment? A cross-sectional study of Danish workers. BMJ Open. 2016 Jun 8; 6(6): e010516. doi: 10.1136/bmjopen-2015-010516; s. Linkverzeichnis [45] in Kap. 11
- Asada F, Takano K. Physical Therapy for Musculoskeletal Disorders of Workers: Role of Physical Therapists in Occupational Health. Nihon Eiseigaku Zasshi. 2016; 71(2): 111–8. doi: 10.1265/jjh.71.111; s. Linkverzeichnis [46] in Kap. 11
- Dalager T, Justesen JB, Murray M, Boyle E, Sjøgaard G. Implementing intelligent physical exercise training at the workplace: health effects among office workers-a randomized controlled trial. Eur J Appl Physiol. 2016 Jul; 116(7): 1433–42. doi: 10.1007/s00421-016-3397-8; s. Linkverzeichnis [47] in Kap. 11
- Fitzgerald S, Kirby A, Murphy A, Geaney F. Obesity, diet quality and absenteeism in a working population. Public Health Nutr. 2016 May 27: 1–9; s. Linkverzeichnis [48] in Kap. 11

Themen der gewählten Beispiele:

- 2-mal Körperliche Aktivität/Bewegung
- Was ist Best Practice?
- Partizipation der Beschäftigten an BGF-Maßnahmen
- Prävention/Therapie von Muskel-Skelett-Erkrankungen
- Übergewicht, Ernährung und daraus resultierende Fehlzeiten

8.16.2 Beispiele für Veröffentlichungen zur zukünftigen Entwicklung der Betrieblichen Gesundheitsförderung

- Faller G. Implementation of Workplace Health Promotion/Workplace Health Management in Germany: State-of-the Art and Need for Further Research. Gesundheitswesen. 2016 Mar 23; s. Linkverzeichnis [49] in Kap. 11
- Sivris KC, Leka S. Examples of Holistic Good Practices in Promoting and Protecting Mental Health in the Workplace: Current and Future Challenges. Saf Health Work. 2015 Dec; 6(4): 295–304. doi: 10.1016/j.shaw.2015.07.002; s. Linkverzeichnis [50] in Kap. 11
- Engelen L, Dhillon HM, Chau JY, Hespe D, Bauman AE. Do active design buildings change health behaviour and workplace perceptions? Occup Med (Lond). 2016 Jul; 66(5): 408–11. doi: 10.1093/occmed/kqv213.; s. Linkverzeichnis [51] in Kap. 11
- Walsh SM, Umstattd Meyer MR, Stamatis A, Morgan GB. Why Women Sit: Determinants of Leisure Sitting Time for Working Women. Womens Health Issues. 2015 Nov-Dec; 25(6): 673–9. doi: 10.1016/j.whi.2015.06.012; s. Linkverzeichnis [52] in Kap. 11
- Clark MM, Bradley KL, Jenkins SM, Mettler EA, Larson BG, Preston HR, Liesinger JT, Werneburg BL, Hagen PT, Harris AM, Riley BA, Olsen KD, Vickers Douglas KS. Improvements in Health Behaviors, Eating Self-Efficacy, and Goal-Setting Skills Following Participation in Wellness Coaching. Am J Health Promot. 2015 Aug 25. s. Linkverzeichnis [53] in Kap. 11

Themen der gewählten Beispiele:

- gegenwärtige Umsetzung von Betrieblicher Gesundheitsförderung und Betrieblichem Gesundheitsmanagement und weiterer Forschungsbedarf
- ganzheitlicher Ansatz bei Betrieblicher Gesundheitsförderung zum Schutz der psychischen Gesundheit (Psyche)
- Einfluss einer aktiven Gestaltung der Gebäude auf Gesundheitsverhalten und die Wahrnehmung des Arbeitsplatzes (Ansatz: Verhältnisprävention/Gesundheitsförderung)
- Sitzen in der Freizeit und am Arbeitsplatz – ein Frauenproblem? (Bewegung, Genderaspekte)
- Verbesserung des Gesundheitsverhaltens (Ernährung)

8.17 Lösung zu Aufgabe 9.3

Aufgabe 9.3

Werden die aktuellen Migrationswellen nach Europa und innerhalb von Europa Ihrer Ansicht nach Auswirkungen auf die gesundheitliche Situation der Bevölkerung in den deutschsprachigen Ländern haben? Wenn ja, welche? Welche Aufgaben sehen Sie hier für Public Health?
(Denken Sie bei dieser Aufgabe bitte an Flüchtlinge und Arbeitsmigranten.)

Insbesondere zum Höhepunkt der Flüchtlingswellen im Jahr 2015 war in den Zeitungen der deutschsprachigen Länder immer wieder zu lesen, dass die Bevölkerung hierzulande durch das Einschleppen von Infektionskrankheiten bedroht sei. Bislang gab es im Rahmen dieser neuen Flüchtlingswelle in Deutschland jedoch keine größeren Krankheitsausbrüche aufgrund eingeschleppter Erreger (vgl. hierzu auch das Praxisbeispiel „Masern" auf S. 50). Dies ist v.a. darauf zurückzuführen, dass sich Flüchtlinge etwa in Deutschland schon bald nach ihrer Ankunft im Land nach § 62 des deutschen Asylgesetzes (AsylG) einer Gesundheitsuntersuchung auf übertragbare Krankheiten einschließlich einer Röntgenaufnahme der Atmungsorgane unterziehen müssen. Zum Beispiel in Bayern erfolgt diese Untersuchung durch den Öffentlichen Gesundheitsdienst (ÖGD) innerhalb von drei Tagen nach Registrierung in einer Erstaufnahmeeinrichtung für Flüchtlinge. Die Untersuchung umfasst dort eine körperliche Untersuchung zum allgemeinen Gesundheitszustand und auf Anzeichen einer übertragbaren Krankheit, eine Untersuchung zum Ausschluss einer Tuberkulose der Atmungsorgane (z.B. anhand eines Röntgenbildes), eine Blutuntersuchung auf das Vorliegen einer HIV- oder Hepatitis-B-Infektion, eine Stuhluntersuchung auf bakterielle Durchfallerkrankungen (Typhus, Paratyphus, Enteritis und Ruhr) sowie je nach Herkunftsregion eine Untersuchung auf Darmparasiten.

Eine solche „Eingangsuntersuchung" wird jedoch nur bei Flüchtlingen durchgeführt, nicht bei Arbeitsmigranten etwa aus dem EU-Ausland oder bei ausländischen Studierenden. Dies alles führte dazu, dass in den vergangenen Jahren beispielsweise die Zahl der Neuerkrankungen an Tuberkulose in Deutschland zwar abnahm (sie steigt inzwischen jedoch wieder leicht an), der Anteil der im Ausland geborenen Tuberkulose-Patienten jedoch kontinuierlich auf mittlerweile über 60 % angestiegen ist.

Flüchtlinge und Arbeitsmigranten sind nach ihrer Ankunft in Mitteleuropa zumindest für eine gewisse Zeit Teil der jeweiligen aufnehmenden Gesellschaft und haben daher (mit Einschränkungen) Anspruch auf eine adäquate gesundheitliche (Basis-)Versorgung. Für die dortigen Gesundheitssysteme bedeutet dies, dass sie entsprechende Hilfen anbieten müssen. Flüchtlinge sind bei ihrer Ankunft nicht immer in einem guten gesundheitlichen Zustand. Infektionskrankheiten spielen hier eine Rolle. Oftmals ist es sinnvoll, in größeren Erstaufnahmeeinrichtungen Impfaktionen durchzuführen, da das Risiko einer Übertragung durch die räumliche Enge wesentlich größer ist und viele Ankömmlinge über einen mangelhaften Impfschutz verfügen. Insbesondere dann, wenn Flüchtlinge schon längere Zeit auf der Flucht sind, sind sie meist nur mangelhaft gesundheitlich versorgt. Es gibt Fälle von Mangelernährung. Es gibt Flüchtlinge, die unzureichend mit Brillen, Hörgeräten, Krücken, Prothesen und anderen Hilfsmitteln versorgt sind. Chronische Erkrankungen sind oft nicht diagnostiziert und werden dementsprechend nicht therapiert. Schwangere und Mütter mit kleinen Kindern bedürfen meist einer besonderen Unterstützung. Ein sehr großes Problem ist die psychische Gesundheit von Flüchtlingen. Viele berichten über traumatisierende Erlebnisse, die zum Fluchtgrund wurden. Aber auch sexuelle Übergriffe und Gewalt während der Flucht und unter Flüchtlingen sind nicht selten, so dass etliche der Neuankömmlinge eine psychotherapeutische Behandlung benötigen.

Bislang gibt es bei der gesundheitlichen Versorgung der Flüchtlinge z. B. in Deutschland noch große regionale Unterschiede. Hier wären eine Vereinheitlichung des Prozederes sowie die Entwicklung und Einführung klarer Strukturen sinnvoll.

Informationen zum Thema finden sich z. B.:

- Auf der Internetseite des deutschen Bundesamtes für Migration und Flüchtlinge (BAMF) zu „Gesundheit und Vorsorge“ (s. Linkverzeichnis [54] in Kap. 11):
  - Hilfe bei Krankheiten und Unfällen,
  - Vorsorgeuntersuchungen und Impfungen,
  - Drogen- und Suchtberatung,
  - Teilhabe von Menschen mit Behinderung.
- Im „Ratgeber Gesundheit für Asylsuchende in Deutschland“ des deutschen Bundesministeriums für Gesundheit (BGM) in verschiedenen Sprachen (Deutsch, Englisch, Arabisch, Kurdisch und Paschtu; s. Linkverzeichnis [55] in Kap. 11).
- Auf dem zentralen Portal *migesplus.ch* für mehrsprachige Informationen zu Gesundheitsfragen. Es ist ein Projekt im Rahmen des nationalen Programms „Migration und Gesundheit“ des Schweizer Bundesamtes für Gesundheit (s. Linkverzeichnis [56] in Kap. 11).
- Auf der Internetseite „Migration und Gesundheit“ des Schweizer Bundesamtes für Gesundheit (s. Linkverzeichnis [57] in Kap. 11).
- Auf der Internetseite des österreichischen Bundesministeriums für Gesundheit (s. Linkverzeichnis [58] in Kap. 11).

Anhang und Serviceteil

9 Glossar

Attributables Risiko

Im Bereich der Epidemiologie gibt das *attributable Risiko* das Risiko an, das auf einen bestimmten → Risikofaktor (z. B. Rauchen bei der Entstehung von Lungenkrebs) zurückzuführen ist. Oftmals wirken bei der Entstehung von Erkrankungen mehrere Risikofaktoren zusammen. Mit der Berechnung des attributablen Risikos kann nun aufgezeigt werden, um welchen Prozentsatz man eine Krankheitshäufigkeit senken kann, würde man einen bestimmten Risikofaktor ausschalten.

Biostatistik

Die *Biostatistik* befasst sich mit dem Sammeln, Zusammenfassen, Darstellen und Interpretieren von quantifizierbaren Daten (→ quantitative Daten) im Bereich von Biomedizin und → Public Health.

Bundesamt für Gesundheit

Das *Bundesamt für Gesundheit* (BAG) ist in der Schweiz gemeinsam mit den Kantonen für die Gesundheit der Bevölkerung und die Entwicklung der nationalen Gesundheitspolitik verantwortlich. Es vertritt die Schweiz als nationale Behörde auch international in Gesundheitsbelangen.

Bundeszentrale für gesundheitliche Aufklärung

Die *Bundeszentrale für gesundheitliche Aufklärung* (BZgA) ist eine Behörde des deutschen Bundesministeriums für Gesundheit. Ihre Haupt-Aufgabe ist es, Grundsätze und Richtlinien einer praktischen Gesundheitserziehung zu erarbeiten.

Burden of Disease

Mit dem Konzept des *Burden of Disease* versucht man die Gesamtkrankheitslast zu erfassen, der eine → Population ausgesetzt ist. Zu ihr gehören Einschränkungen durch Krankheit, Unfälle und Behinderungen ebenso wie der frühzeitige Tod. Der Gesundheitszustand einer Population wird dabei mit der Idealsituation verglichen, in der alle Mitglieder bei guter Gesundheit altern würden. Die *Krankheitslast* wird in „*Disability Adjusted Life Years*" (DALYs) angegeben.

Deklaration von Alma Ata

Die Deklaration der Internationalen Konferenz zur Primären Gesundheitsversorgung, die 1978 in Alma Ata, UdSSR, stattfand, erklärte die *primäre Gesundheits-*

versorgung (*Primary Health Care*, PHC) zur Schlüsselstrategie, mit deren Hilfe das im Jahr zuvor von der Weltgesundheitsversammlung der Vereinten Nationen formulierte Ziel „Gesundheit für Alle bis zum Jahr 2000" (→ Health for All) zu erreichen sei.

Demografie

Die *Demografie* (Bevölkerungswissenschaft) ist eine Wissenschaft, die die Entwicklung von Bevölkerungen und Bevölkerungsstrukturen untersucht. Sie bedient sich statistischer Methoden und entwickelt aus den gewonnenen Daten Beschreibungs- und Erklärungsmodelle.

Demografischer Wandel

Unter dem *demografischen Wandel* versteht man die Bevölkerungsentwicklung in einem bestimmten Gebiet im Hinblick auf die Altersstruktur der Bevölkerung, das quantitative Verhältnis von Männern und Frauen, die Anteile von Inländern, Ausländern und Eingebürgerten an der Bevölkerung, die Geburten- und Sterbefallentwicklung sowie auf die Einwanderung und Auswanderung von Menschen in dieses Gebiet bzw. aus diesem Gebiet heraus. Der derzeit in den deutschsprachigen Ländern stattfindende demografische Wandel betrifft v. a. die Änderungen in der Altersstruktur der Bevölkerung. Durch die höhere durchschnittliche Lebenserwartung, die große Zahl an Menschen, die ins Rentenalter kommen (Generation der „Baby-Boomer") und die aktuell niedrige Geburtenrate nimmt der Prozentsatz an älteren Menschen im Vergleich zu Kindern und Jugendlichen weiterhin zu.

Effektivität

Die *Effektivität* ist ein Maß für die Wirksamkeit einer Maßnahme. Sie beschreibt das Verhältnis von dem erreichten Ziel zu dem zuvor definierten Ziel. Mit Hilfe dieser Maßangabe kann festgestellt werden, wie nahe das erreichte Ergebnis dem angestrebten Ziel gekommen ist (Grad der Zielerreichung).

Effizienz

Als *Effizienz* bezeichnet man den Wirkungsgrad einer Maßnahme. Hierzu setzt man Wirkung bzw. Nutzen ins Verhältnis zum betriebenen Aufwand.

E-Health

Der Begriff *„E-Health" (Electronic Health)* steht für den Einsatz digitaler Technologien im Gesundheitswesen. Hiermit bezeichnet man alle Hilfsmittel und Dienstleistungen im Gesundheitswesen, bei denen entsprechende Technologien zum Einsatz kommen. Dies kann sowohl im Bereich der → Prävention als auch in den Bereichen Diagnosestellung, Therapie, Überwachung und Verwaltung der Fall sein.

Endemie

Von einer *Endemie* spricht man, wenn eine (Infektions-)Erkrankung in einer begrenzten Region oder einer bestimmten → Population natürlicherweise gehäuft vorkommt (Naturherd). Die → Prävalenz der Erkrankung ist dort annähernd gleichbleibend hoch, und zwar höher als in anderen Regionen oder Populationen.

Epidemie

Bei einer *Epidemie* kommt es während einer bestimmten Zeit innerhalb der Bevölkerung eines bestimmten Gebietes zum gehäuften Auftreten einer (Infektions-) Krankheit. In diesem Zeitraum nimmt also die → Inzidenz der Erkrankung (d.h. die Zahl der Neuerkrankungen) in einem bestimmten Gebiet zu.

Epidemiologie

Die *Epidemiologie* ist eine wissenschaftliche Disziplin, die sich mit der Verteilung von Gesundheitszuständen in einer Bevölkerung beschäftigt sowie mit den Faktoren, die diese Verteilung beeinflussen.

Epidemiologische Transition

Als *epidemiologischen Übergang* oder *epidemiologische Transition* bezeichnet man den aus der Veränderung der Haupttodesursachen entstehenden gesellschaftlichen Umwandlungsprozess. Mit sinkender → Geburtenrate und steigender → Lebenserwartung erhöht sich in vielen Gesellschaften aktuell der Anteil der erwachsenen und der älteren Bevölkerung. In solchen Populationen dominiert zunehmend die Krankheitslast (→ Burden of Disease) durch chronische Krankheiten, da diese vorwiegend bei älteren Menschen auftreten.

Eugenik

Der Begriff der *Eugenik* (auch: Eugenetik) geht auf den britischen Anthropologen *Galton* (1822–1911) zurück. Sein Ziel war es, durch die Anwendung von theoretischen Konzepten auf die Bevölkerungs- und Gesundheitspolitik den Anteil an positiv bewerteten Erbanlagen in der Bevölkerung zu vergrößern *(positive Eugenik)* und gleichzeitig den Anteil an negativ bewerteten Erbanlagen zu verkleinern *(negative Eugenik)*. Der Begriff und das dahinter stehende Konzept wurden später von der nationalsozialistischen → Rassenhygiene übernommen. Die Erfahrungen im Zusammenhang mit Eugenik und Rassenhygiene belasteten nach dem zweiten Weltkrieg noch über lange Zeit die Entwicklung von Public-Health-Strukturen v.a. in Deutschland und Österreich.

Evaluation

Als *Evaluation* bezeichnet man die Erfolgskontrolle nach der Durchführung einer Maßnahme. Sie umfasst die Beschreibung, Analyse und Bewertung von Projekten, Prozessen und Organisationseinheiten. Mit Hilfe einer Evaluation können Maßnahmen jedoch nicht nur bewertet werden, sie dient darüber hinaus als Entscheidungshilfe für die bessere Planung und Durchführung von weiteren Maßnahmen.

Evidenz

Im Kontext von Medizin und → Gesundheitswissenschaften bedeutet *Evidenz* die auf dem Boden der besten zur Verfügung stehenden Daten empirisch nachgewiesene Wirksamkeit einer präventiven oder therapeutischen Maßnahme *(Best Practice)*.

Expositionen

Im Bereich der → Epidemiologie bezeichnet man die für eine Untersuchung relevanten → *Gesundheitsdeterminanten* als *Expositionen*. Diese können → Risikofaktoren oder → Schutzfaktoren (protektive Faktoren) sein. Statistisch gesehen handelt es sich hierbei um unabhängige Größen. Beispiele für typische Expositionen sind Rauchen, Verkehrslärm oder der Zugang zu ärztlicher Versorgung.

Fallstudie

Eine *Fallstudie (Case Study)* betrachtet einen spezifischen Fall im Quer- oder im Längsschnitt. Die Forschung versucht auf diese Weise, Aussagen über den Untersuchungsgegenstand (z. B. eine Einzelperson oder eine Gruppe) zu erlangen. Ergebnisse von Fallstudien lassen sich nicht generalisieren. Siehe auch → Längsschnittstudie, → Querschnittstudie.

Five-Number-Summary

Die *Five-Number-Summary* fasst in der *deskriptiven* (= beschreibenden) *Statistik* die grundlegenden statistischen Informationen über eine Beobachtungsreihe zusammen. Hierzu gehören der tiefste Wert *(Minimum)*, das *untere Quartil* (unteres Viertel der Werte), der *Median* (Zentralwert; Wert, der bei einer Zahlenreihe an mittlerer Stelle steht), das *obere Quartil* (oberes Viertel der Werte) und der höchste Wert *(Maximum)*.

Fonds Gesundes Österreich

Der *Fonds Gesundes Österreich* (FGÖ) ist ein Geschäftsbereich der *Gesundheit Österreich GmbH*. Seine Aufgabe ist es, Projekte im Bereich Gesundheitsförderung und Primärprävention in Österreich finanziell zu fördern und solche Projekte auch selbst zu initiieren.

Gesundheit 21

Die Initiative „Gesundheit für alle im 21. Jahrhundert" („*Gesundheit 21*", 1998) der *WHO-Europe* hatte zum Ziel, das fundamentale Menschenrecht auf einen bestmöglichen Gesundheitszustand zu verwirklichen. Erreicht werden sollte dies über regionale und nationale Konzepte und Strategien, die die Gesundheit der Bevölkerung während der gesamten Lebensspanne fördern und schützen sollten. In *Gesundheit 21* wurden 21 gesundheitsbezogene Ziele für das 21. Jahrhundert festgelegt. Hierzu gehörten z.B. gesundheitliche Chancengleichheit, Altern in Gesundheit, eine gesunde und sichere natürliche Umwelt, Settings zur Förderung der Gesundheit und eine Qualifizierung von Fachkräften für gesundheitliche Aufgaben.

Geburtendefizit

Von einem *Geburtendefizit* spricht man, wenn in einem bestimmten Gebiet in einem bestimmten Zeitraum mehr Menschen sterben als geboren werden.

Geburtenrate

Als *Geburtenrate* oder Geburtenziffer bezeichnet man die Anzahl der Lebendgeborenen pro Jahr bezogen auf 1.000 Einwohner eines bestimmten Gebietes (z.B. eines Landes).

Geburtenüberschuss

Wenn in einem bestimmten Gebiet in einem bestimmten Zeitraum mehr Menschen geboren werden als sterben, bezeichnet man dies als *Geburtenüberschuss*.

Geschlossene Fragen

Geschlossene Fragen sind Fragen im Rahmen eines Interviews bzw. einer schriftlichen Befragung, die vorformulierte Antwortmöglichkeiten vorgeben. Die → Probanden haben nur die Möglichkeit, sich für eine der Antwortmöglichkeiten zu entscheiden. Siehe auch → Offene Fragen.

Gesundheitsdeterminanten

Gesundheitsdeterminanten (Social Determinants of Health) sind Faktoren im Bereich der Lebens- und Arbeitsbedingungen sowie der Lebensweisen der Menschen, die ihre Gesundheit maßgeblich beeinflussen. Sie gehen von allen Ebenen des menschlichen Zusammenlebens (vom Individuum bis zum globalen Miteinander) aus und können sich als → Risikofaktoren oder → Ressourcen auswirken.

Gesundheitsförderung

Der Begriff der *Gesundheitsförderung* umfasst alle Aktivitäten und Maßnahmen, die der Stärkung der Gesundheitsressourcen und -potenziale der Menschen (→ Ressourcen) dienen. Gesundheitsförderung soll somit einen Prozess in Gang setzen, der allen Menschen ein höheres Maß an Selbstbestimmung über ihre Gesundheit ermöglicht und sie dadurch zu einer Stärkung ihrer Gesundheit befähigt.

Gesundheitsförderung Schweiz

Die privatrechtliche Stiftung *Gesundheitsförderung Schweiz (Promotion Santé Suisse)* wird von den Schweizer Kantonen und von Versicherern getragen und unterliegt der Kontrolle des Bundes. Sie hat den gesetzlichen Auftrag, Maßnahmen zur Förderung der Gesundheit zu initiieren, zu koordinieren und zu evaluieren.

Gesundheitsverhalten

Als *Gesundheitsverhalten* bezeichnet man alle Verhaltensweisen, die für die Gesundheit einer Person direkt relevant sind. Hierzu gehören z.B. Ernährung, Sport, Bewegung, die Inanspruchnahme medizinischer Einrichtungen, aber auch der Konsum von Genuss- oder Suchtmitteln. Gesundheitsverhalten ist Teil eines gesundheitsrelevanten → Lebensstils.

Gesundheitsversorgung

Gesundheitsversorgung umfasst alle therapeutischen, präventiven und gesundheitsfördernden Maßnahmen, die durch Gesundheitseinrichtungen und Gesundheitsfachkräfte erbracht werden. Die Maßnahmen können sich sowohl an einzelne Individuen als auch an ganze → Populationen richten.

Gesundheitswissenschaften

Der Begriff der *Gesundheitswissenschaften* steht in Deutschland für ein wissenschaftliches Fach, das sich mit den körperlichen, psychischen und sozialen Bedingungen von Gesundheit und Krankheit innerhalb einer Gesellschaft beschäftigt. Anstoß für die Gründung des neuen Fachs waren die internationalen Initiativen im Gesundheitsbereich in den 1970er und 1980er Jahren (→ Deklaration von Alma-Ata, → Ottawa-Charta) sowie die zu dieser Zeit entstandenen sozialen Bewegungen, Umweltbewegungen und Selbsthilfegruppen. Die Gesundheitswissenschaften knüpfen darüber hinaus bewusst an die Tradition der → Sozialhygiene an. Ähnlich wie in → Public Health arbeitet man in den Gesundheitswissenschaften interdisziplinär zusammen. Allerdings spielen sozial- und geisteswissenschaftliche Fächer hier eine besonders große Rolle.

Halboffene Fragen

Als *halboffene Fragen* bezeichnet man Fragen, bei denen eine Reihe von Antwortmöglichkeiten vorgegeben sind (→ Geschlossene Fragen) und zusätzlich noch die Möglichkeit gegeben wird, solche Antworten frei zu formulieren (→ Offene Fragen), die nicht durch die vorgegebenen Antwortmöglichkeiten abgedeckt sind.

Inkrementelle Betrachtung

Hierunter versteht man in der Gesundheitsökonomie die Betrachtung einer Situation im Gesundheitsbereich, bei der es darum geht, welche Kosten zusätzlich aufgebracht werden müssen, um einen zusätzlichen Nutzen zu erzielen. Siehe auch → Kosten-Nutzen-Bewertung.

Inzidenz

Die *Inzidenz* gibt die Anzahl der Neuerkrankungen an einer bestimmten Krankheit in einer definierten Bevölkerungsgruppe während einer bestimmten Zeit an.

Kategorische Daten

Kategorische Daten sind nicht numerische Daten, wie z. B. das Geschlecht oder die Nationalität eines Menschen, seine Hautfarbe etc. Sie gehören zu den → qualitativen Daten.

Kausalität

Als *Kausalität* bezeichnet man die Ursächlichkeit, d.h. die Beziehung zwischen Ursache und Wirkung. Ein Ereignis oder ein Zustand ist dann die Ursache für eine Wirkung, wenn die Wirkung durch das Ereignis bzw. den Zustand herbeigeführt wird.

Kosten-Nutzen-Bewertung

Die *Kosten-Nutzen-Bewertung* gesundheitsbezogener Leistungen ist eine der grundlegenden Fragen der Gesundheitsökonomie. Sie kann z.B. als *Kosten-Minimierungs-Analyse* (Ziel: minimale Kosten), als *Kosten-Effektivitäts-Analyse* (Ziel: maximale → Effektivität), als *Kosten-Nutzwert-Analyse* (Ziel: bester Gesundheitszustand) oder als *Kosten-Nutzen-Analyse* (Ziel: maximaler gesundheitlicher Nutzen) durchgeführt werden.

Kuchengrafik

Als *Kuchengrafik* (Kuchendiagramm, Kreisdiagramm, *Pie chart)* bezeichnet man eine Form der grafischen Darstellung von Daten, Sachverhalten oder Informationen. Sie wird sinnvollerweise dann benutzt, wenn die Einzelwerte Teile eines Ganzen sind. So lassen sich die Größenverhältnisse der Anteile auf den ersten Blick erkennen. Siehe auch → Ringgrafik.

Kuration

Eine Behandlung, die auf die vollständige Wiederherstellung der Gesundheit eines Patienten abzielt, bezeichnet man als *Kuration*. Unter der kurativen Medizin versteht man eine Medizin, die Krankheiten behandelt (z.B. im Gegensatz zur präventiven, vorbeugenden Medizin).

Längsschnittstudie

Bei einer *Längsschnittstudie (Longitudinal Study)* wird eine empirische Untersuchung (= methodisches Sammeln von Daten) mehrmals hintereinander durchgeführt, um die Ergebnisse der einzelnen Untersuchungswellen miteinander vergleichen zu können. Siehe auch → Querschnittstudie.

Least Developed Countries

Als *Least Developed Countries* (LDC) wird von den Vereinten Nationen (United Nations, UN) eine Gruppe von derzeit 48 Ländern bezeichnet. Die Einteilung erfolgt nach sozioökonomischen Kriterien, wie z. B. dem Bruttonationaleinkommen, der ökonomischen Verwundbarkeit des Landes sowie der Gesundheit und der Bildung seiner Einwohner.

Lebenserwartung

Die *Lebenserwartung* entspricht der durchschnittlichen Anzahl an Jahren, die ein Mensch eines bestimmten Alters aufgrund der aktuellen Sterberaten erwartungsgemäß noch leben würde.

Lebensstil

Mit einer bestimmten Lebensführung signalisieren Menschen ihre Zugehörigkeit zu ihrer Statusgruppe. Sozial-strukturelle Bedingungen eröffnen oder verschließen den Menschen bestimmte Lebenschancen. Lebensführung und Lebenschancen bilden zusammen den *Lebensstil.*

Letalität

Unter *Letalität* versteht man die Zahl der in einer bestimmten Bevölkerungsgruppe an einer bestimmten Erkrankung in einem definierten Zeitraum Gestorbenen.

Mortalität/Mortalitätsrate

Die *Mortalität* oder Sterblichkeit bezeichnet die Anzahl der Todesfälle bezogen auf die Gesamtanzahl der Individuen einer Bevölkerung, meist innerhalb eines bestimmten Zeitraums.

Multidisziplinarität

Bei der Bearbeitung einer Fragestellung teilen sich Vertreter verschiedener (wissenschaftlicher) Fächer oder Fachbereiche die Arbeit untereinander auf. Jeder Vertreter bearbeitet einen bestimmten Aspekt der Fragestellung unter Verwendung der eigenen Terminologie, Methoden und Konzepte. Zum Abschluss einer solchen *multidisziplinären* Arbeit werden die Ergebnisse der einzelnen Fachbereiche zu einen Gesamtergebnis zusammengefügt.

Narratives Interview

Beim *narrativen Interview* werden → Probanden aufgefordert, über ein zuvor festgelegtes Thema zu berichten. Das Interview wird aufgezeichnet und dann mit Hilfe texthermeneutischer Methoden (→ Hermeneutik) interpretiert. Die Interpretation bildet später die Grundlage für die Hypothesenentwickelung.

New Public Health

New Public Health ist ein Teil von → Public Health, der sich seit den 1980er Jahren entwickelt hat. Eine bedeutende Rolle spielen hier insbesondere die Gesundheitspolitik, die Gesundheitssystemforschung und die → Versorgungsforschung. Ziel von New Public Health ist es, → Prävention, → Gesundheitsförderung, kurative Therapie (→ Kuration), → Rehabilitation und Pflege systematisch miteinander zu verzahnen. Hierbei werden sowohl biomedizinische als auch sozialwissenschaftliche Arbeitsweisen angewandt, die sich gegenseitig ergänzen. Wichtige Disziplinen von New Public Health sind – neben den Disziplinen von → Old Public Health – u.a. die Gesundheitsökonomie, die Gesundheitspolitik und das Qualitätsmanagement.

Nicht übertragbare Krankheiten

Bei den *nicht übertragbaren Krankheiten (Noncommunicable Diseases,* NCD) handelt es sich um einen Begriff aus dem Bereich der → Epidemiologie, der vorrangig chronische Krankheiten mit hoher Public-Health-Relevanz umfasst. Beispiele für nicht übertragbare Krankheiten sind Herz-Kreislauf-Erkrankungen, Adipositas-Folgeerkrankungen wie der Diabetes mellitus Typ II, bösartige Tumoren und chronische Erkrankungen des Bewegungsapparates (z.B. Arthrose).

Odds Ratio

Als *Odds* bezeichnet man z.B. in der Biostatistik und der → Epidemiologie eine Chance, dass ein bestimmtes Ereignis oder ein bestimmtes Merkmal auftritt. Man berechnet sie aus dem Verhältnis der Wahrscheinlichkeit, dass ein Ereignis auftritt, zur Wahrscheinlichkeit, dass dieses Ereignis nicht auftritt. Die *Odds Ratio* setzt nun die Chancen von exponierten und nicht exponierten Personen (→ Expositionen) zueinander ins Verhältnis. Es handelt sich bei der Odds Ratio also um ein Chancenverhältnis.

Offene Fragen

Offene Fragen ermöglichen einem → Probanden im Rahmen eines Interviews bzw. einer schriftlichen Befragung ein breites Spektrum an frei formulierten Antworten. Siehe auch → Geschlossene Fragen und → Halboffene Fragen.

Old Public Health

Als *Old Public Health* bezeichnen einige Forscher den Teil von → Public Health, der sich v.a. mit der → Prävention bei und der Versorgung von „Problemgruppen" beschäftigt. Akteure sind hier insbesondere Mediziner aus den Bereichen der Theoretischen Medizin, der klinisch-praktischen Medizin, der Hygiene, der Sozialmedizin und der → Epidemiologie, aber auch Sozialwissenschaftler aus der Gesundheitssoziologie und Gesundheitspsychologie. Siehe auch → New Public Health.

Ottawa-Charta

Die *Ottawa-Charta zur Gesundheitsförderung* (1986) ist eines der wichtigsten gesundheitspolitischen Leitbilder in → Public Health. Ihr Ziel ist eine Umorientierung im Gesundheitsbereich, weg von der Verhütung von Krankheiten und hin zur Förderung von Gesundheit. Sie betont dabei insbesondere die Bedeutung sozialer und individueller → Ressourcen und fordert, dass alle Politikbereiche in diese Umorientierung miteinbezogen werden müssen (→ Health in all Policies). Weiterhin sieht sie u.a. die Schaffung von gesundheitsfördernden Lebenswelten *(Settings)* und die Entwicklung persönlicher gesundheitsbezogener Kompetenzen als wichtige Ansatzpunkte.

Outcome

Im Bereich der → Epidemiologie bezeichnet man gesundheitsrelevante Ereignisse oder → Gesundheitsdeterminanten, die man untersuchen möchte, als *Outcomes.* Statistisch gesehen handelt es sich beim Outcome um die abhängige Größe. Typische Outcomes sind Krankheiten oder Todesfälle.

Palliation

Unter dem Begriff der *Palliation* oder *palliativen Therapie* versteht man alle Maßnahmen, die nur noch auf die Linderung von Krankheitsfolgen (z.B. Schmerzreduktion, Reduzierung von Atemnot, Verbesserung der Ernährungssituation) abzielen, weil eine Heilung der bestehenden Erkrankung nicht mehr möglich ist.

Partizipation

Im Bereich von → Public Health bezeichnet der Begriff *Partizipation* (Teilhabe, Mitbestimmung) die Einbeziehung von Individuen und Organisationen *(„Stakeholdern")* in den Entscheidungs- und Willensbildungsprozess.

Policy

Policy (Plural: *Policies*) ist die aus dem anglo-amerikanischen Sprachraum übernommene Bezeichnung für die inhaltliche Dimension von Politik. Im Gesundheitsbereich verwendet man den Begriff z.B. bei der Formulierung gesundheitspolitischer Ziele und Handlungsanweisungen. Siehe auch → Health in all Policies.

Population

Der Begriff der *Population* bezeichnet zum einen eine Bevölkerung innerhalb bestimmter geografischer Grenzen. Zum anderen versteht man in der Statistik unter einer Population die im Rahmen einer Studie untersuchte Anzahl von Individuen (Grundgesamtheit).

Potential Years of Life Lost

In der Statistik berechnet man *Potential Years of Life Lost* (PYLL, Potenziell verlorene Lebensjahre) v.a. um herauszufinden, welche Erkrankungen dafür verantwortlich sind, dass Menschen vorzeitig sterben. Die Berechnung der *Potential*

Years of Life Lost bezieht sich daher meistens auf eine bestimmte Todesursache oder eine Klasse von Todesursachen. Die verlorenen Lebensjahre werden in der Regel im Verhältnis zur durchschnittlichen → Lebenserwartung in einem Land oder zu einem Referenzalter von 75 Jahren angegeben.

Prävalenz

Die *Prävalenz* oder Krankheitshäufigkeit ist ein Maß für die zu einer bestimmten Zeit in einer definierten Bevölkerungsgruppe (→ Population) vorhandene Anzahl an Personen, die an einer bestimmten Krankheit erkrankt sind.

Prävention

Ziel der *Prävention* (Krankheitsverhütung) ist es, durch soziale oder medizinische Maßnahmen bzw. Verhaltensweisen die Entstehung von bestimmten gesundheitlichen Schädigungen zu verhindern *(Primärprävention)*. Darüber hinaus verhindern präventive Maßnahmen das Fortschreiten einer bereits bestehenden Erkrankung *(Sekundärprävention)* und/oder vermeiden hieraus entstehende Folgeschäden *(Tertiärprävention)*. Siehe auch → Verhaltensprävention, → Verhältnisprävention.

Proband

Als *Proband* bezeichnet man eine Person, die im Rahmen einer wissenschaftlichen Untersuchung als Versuchs- oder Testperson mitwirkt.

Public Health

Public Health ist eine interdisziplinäre, anwendungsorientierte Wissenschaft, deren Schwerpunkte in den Bereichen → Prävention und → Gesundheitsförderung liegen. Sie bezieht sich dabei nicht auf das Individuum, sondern auf Personen- und Bevölkerungsgruppen. Grundlage ist ein bio-psycho-sozialer Forschungs- und Handlungsansatz.

Public-Health-Genomics

Public-Health-Genomics ist ein sich neu entwickelnder Zweig von Public Health, der das Wissen über das gesamte Genom des Menschen sowie die damit verbundenen Techniken mit → Public Health bzw. den → Gesundheitswissenschaften verknüpfen möchte. Ziel ist es, in Zukunft maßgeschneiderte Behandlungs- und Präventionsmaßnahmen zu entwickeln, die auf den individuellen genetischen Eigenschaften der Menschen beruhen. Die bislang vorhandenen Ergebnisse dieser Forschung haben allerdings noch kaum zur Gesundheit der Bevölkerung beitragen können.

p-Wert

Der *p-Wert* wird auch als Signifikanz-Wert bezeichnet. Er gibt in der Statistik eine Wahrscheinlichkeit an und kann daher Werte zwischen Null und Eins annehmen. Berechnet wird er aus den Werten einer bestimmten Stichprobe. Die Höhe seines

Wertes deutet auf die Wahrscheinlichkeit hin, ein solches oder ein extremeres Stichprobenergebnis zu erhalten, wenn die Nullhypothese wahr ist. (In der Regel besagt die Nullhypothese, dass kein Effekt oder Unterschied vorliegt bzw. dass ein bestimmter Zusammenhang nicht besteht.) In verschiedenen Wissenschaftsbereichen ist es üblich, einen p-Wert von 5 %, 1 % oder 0,1 % als Grenzwert zu benennen, um die Entscheidung treffen zu können, ob die Nullhypothese verworfen wird. Wird die Nullhypothese dann verworfen, bezeichnet man das Resultat als statistisch signifikant (= überzufällig zutreffend). Die Höhe des p-Wertes sagt jedoch nichts über die Höhe des tatsächlichen Effekts aus.

Qualitative Daten

Qualitative Daten sind nicht numerische, d. h. nicht in Zahlenform, sondern z. B. in Schriftform oder als audiovisuelle Datei vorliegende Daten. Die Datengewinnung kann durch Interviews, Gruppendiskussionen oder Beobachtungen geschehen. Ziel der Gewinnung von qualitativen Daten ist in der Regel das Beschreiben, das subjektive Interpretieren und das Verstehen von Verhalten und Zusammenhängen.

Quantitative Daten

Quantitative Daten sind Daten, die in Zahlen ausgedrückt werden (z. B. die Größe, Menge oder Häufigkeit von Objekten, Personen, Vorgängen oder Merkmalen etc.).

Querschnittstudie

Eine *Querschnittstudie (Cross-sectional Study, Transversal Study)* ist eine empirische Untersuchung (= methodisches Sammeln von Daten), die einmalig durchgeführt wird. Siehe auch → Längsschnittstudie.

Rassenhygiene

Die nationalsozialistische *Rassenhygiene*, die sich u. a. auf dem Boden der → Eugenik in Deutschland und Österreich entwickelte, bildete die Rechtfertigungsgrundlage für die massenhafte Ermordung von Menschen, die in der NS-Zeit als „lebensunwert“ definiert wurden, sowie für die ebenfalls massenweise vorgenommenen Zwangssterilisationen. Dieses menschenverachtende Vorgehen belastete nach dem zweiten Weltkrieg noch über lange Zeit die Entwicklung von Public-Health-Strukturen v. a. in Deutschland und Österreich.

Rehabilitation

Unter einer *Rehabilitation* (Reha) versteht man verschiedene Maßnahmen, die die (Wieder-)Eingliederung eines kranken oder behinderten Menschen in den Alltag oder das berufliche Leben fördern sollen.

Relative Rate

Als *relative Rate* bezeichnet man das Verhältnis aus Inzidenzrate unter den Betroffenen und Inzidenzrate unter den nicht Betroffenen eines Ereignisses oder Merkmals. Die Inzidenzrate beschreibt in der → Epidemiologie die Anzahl der Neuerkrankungen auf die Personenzeit unter Risiko (= Summe der Zeiten, die einzelne Personen dem Risiko ausgesetzt waren). Siehe auch → Inzidenz.

Relatives Risiko

Das *relative Risiko* (RR) oder Risiko-Verhältnis beschreibt das Verhältnis der Wahrscheinlichkeiten für ein Ereignis oder Merkmal (z.B. für eine bestimmte Erkrankung) in zwei verschiedenen Gruppen. Es vergleicht z.B. die Erkrankungsrisiken von exponierten und nicht exponierten Menschen (→ Expositionen). Man berechnet das relative Risiko aus dem Quotienten der beiden Wahrscheinlichkeiten.

Ressource

Im Bereich von → Public Health versteht man unter *Ressourcen* Einflussfaktoren, die die Gesundheit eines Menschen fördern können. Man unterscheidet hierbei personale, soziale und materielle Ressourcen.

Ringgrafik

Als *Ringgrafik* (Ringdiagramm) bezeichnet man eine Form der grafischen Darstellung von Daten, Sachverhalten oder Informationen. Sie ist eine Sonderform der → Kuchengrafik. Auch die Ringgrafik wird meist dann eingesetzt, wenn man prozentuale Anteile darstellen möchte. Allerdings können hier - im Gegensatz zur Kuchengrafik - zwei und mehr Datenreihen miteinander verglichen werden, indem die Ringe ineinander gelegt werden.

Risikofaktor

Als *Risikofaktor* bezeichnet man im Bereich der Medizin und von → Public Health eine erhöhte Wahrscheinlichkeit für das Auftreten einer Erkrankung, wenn bestimmte physiologische oder anatomische Eigenschaften, genetische Anlagen (Prädispositionen) oder Umweltkonstellationen vorliegen.

Säuglingssterblichkeit

Die *Säuglingssterblichkeit* umfasst alle Todesfälle im Zeitraum von der Geburt bis zum ersten Geburtstag pro 1.000 Lebendgeburten in einem definierten Gebiet. Sie korreliert stark mit dem Einkommen und Entwicklungsstand des jeweiligen Gebietes. Auch innerhalb eines Landes kann es z.B. infolge der sozialen Benachteiligung einer Gruppe innerhalb dieser Gruppe eine erhöhte Säuglingssterblichkeit geben.

Screening

Unter einem *Screening-Verfahren* versteht man einen auf bestimmte Kriterien ausgerichteten orientierenden Siebtest, mit dessen Hilfe innerhalb einer großen Anzahl von Proben oder Personen bestimmte Eigenschaften der Prüfobjekte identifiziert werden können (z. B. Frühdiagnose von Mukoviszidose oder Hüftgelenksdysplasie mit Hilfe des Neugeborenen-Screenings, Frühdiagnose von Brustkrebs mit Hilfe des Mammografie-Screenings).

Soziale Schicht

Eine *soziale Schicht* umfasst Personen mit annähernd gleichem Status, was sich u. a. in ähnlichem Lebensstandard, Rang und öffentlichem Ansehen, in ähnlichen Privilegien sowie in ähnlichen Chancen und Risiken äußert.

Sozialhygiene

Die Anfänge der *Sozialhygiene* liegen im deutschsprachigen Raum in der 2. Hälfte des 19. Jahrhunderts. Das Ziel dieses Konzeptes war es, die prekäre soziale und gesundheitliche Lage der Arbeiterfamilien zu verbessern. Wichtige Vertreter waren *Grotjahn* (1869–1931), *Chajes* (1880–1938) und *Teleky* (1872–1957). Chajes definierte die Sozialhygiene als die Lehre vom Einfluss der wirtschaftlichen und sozialen Lebensbedingungen auf den Gesundheitszustand zusammengehörender großer Volksschichten und deren Nachkommen sowie der Maßnahmen, die aus dieser Kenntnis entwickelt und umgesetzt werden können. Die Sozialhygiene ist damit ein Vorläufer von → Public Health bzw. → Gesundheitswissenschaften im deutschsprachigen Raum. Viele ihrer Vertreter wurden in der NS-Zeit aufgrund ihrer jüdischen Herkunft oder kommunistischen bzw. sozialdemokratischen Einstellung verfolgt.

Sozialmedizin

Die *Sozialmedizin* beschäftigt sich mit den Risiken und den Schutzfaktoren, die zur Entstehung von Gesundheit und Krankheit beitragen. Sie berücksichtigt hierbei insbesondere auch die gesellschaftlichen Bedingungen, unter denen Gesundheit und Krankheit entstehen. Darüber hinaus befasst sie sich mit der Organisation des Gesundheitswesens und mit der sozialen Sicherung der Bevölkerung.

Standardfehler

Der *Standardfehler* (*Standard Error,* SE) oder Stichprobenfehler ist in der Statistik das Maß dafür, wie stark eine Schätzfunktion zu einem unbekannten Parameter einer bestimmten Grundgesamtheit streut (= Standardabweichung der Schätzfunktion).

Stress

Im Bereich der Biologie bezeichnet man als *Stress* die durch spezifische Reize (Stressoren) hervorgerufenen psychischen und physischen Reaktionen eines Organismus. Diese Reaktionen sollen den Organismus dazu befähigen, erhöhte

Anforderungen zu bewältigen. Stressoren können unspezifische Reize sein, wie z.B. Infektionen, Verletzungen, Strahleneinwirkungen, aber auch Krankheiten, lebensgeschichtliche Ereignisse und andere emotionale Belastungen. Psychologen sehen im negativ gefärbten *(Dis-)Stress* meist die Folge eines Missverhältnisses zwischen den Anforderungen, die an eine Person gestellt werden, und den Möglichkeiten und Fähigkeiten dieser Person, diese Anforderungen zu kontrollieren bzw. zu bewältigen (Coping). Der betroffene Mensch erlebt dieses Ungleichgewicht als unangenehm.

Surveillance

Unter *Surveillance* (Überwachung) versteht man in der → Epidemiologie eine Methode zur systematischen und kontinuierlichen Überwachung von Erkrankungen bzw. Todesfällen, z.B. mit Hilfe der Meldepflicht.

Variable

Als *Variable* bezeichnet man in der Mathematik einen Platzhalter für eine unbekannte Größe. Unter einer statistischen Variablen versteht man die Ausprägung eines Merkmals in einer untersuchten Gruppe. Diese Gruppe könnten z.B. die Einwohner der Schweiz sein. Ein Merkmal der Grundgesamtheit „Bevölkerung der Schweiz“ wäre das Geschlecht. Die Merkmalsausprägung (= der Wert der Variable) wäre weiblich bzw. männlich.

Verhaltensprävention

Maßnahmen der *Verhaltensprävention* sind darauf ausgerichtet, das Verhalten der Menschen so zu beeinflussen, dass es ihrer Gesundheit dient. Da das individuelle Handeln und Verhalten der Menschen insbesondere bei der Entstehung chronischer Erkrankungen eine bedeutende Rolle spielt (Beispiele: Rauchen, ungesunde Ernährung, Bewegungsmangel), kann auf diese Weise ihre Erkrankungswahrscheinlichkeit sinken. Siehe auch → Prävention, → Verhältnisprävention, → Risikofaktor.

Verhältnisprävention

Verhältnisprävention will die Gesundheit von Menschen dadurch verbessern, dass sie ihre Umwelt sowie ihre Lebens- und Arbeitsbedingungen positiv beeinflusst. Auf diese Weise sollen Gefahren, die möglicherweise von solchen Bedingungen ausgehen, abgewendet werden (Beispiele: Bekämpfung der Luftverschmutzung, Angebot gesünderer Nahrung in der Kantine, Ausbau des Fahrradwegenetzes in einer Stadt). Siehe auch → Prävention, → Verhaltensprävention, → Risikofaktor.

Versorgungsforschung

Die *Versorgungsforschung* ist Teil der Gesundheitssystemforschung. Sie beschäftigt sich mit der Kranken- und der Gesundheitsversorgung in einem bestimmten Gebiet. Zur Krankenversorgung zählt die medizinische und psychosoziale Diagnosestellung, Behandlung, Betreuung, Pflege und Nachsorge bei kranken Menschen durch das medizinische und nicht medizinische Personal all der Institutionen der Krankenversorgung, die ihre Leistungen über die gesetzlichen Krankenkassen und private Krankenversicherungen abrechnen können. Die → Gesundheitsversorgung beinhaltet darüber hinaus auch alle Formen der auf die individuellen Menschen gerichteten → Prävention und → Gesundheitsförderung, die durch medizinische und nicht medizinische Einrichtungen erbracht werden.

Vier-Felder-Tafel
Vier-Felder-Tafeln werden auch als Kontingenztafeln oder Kreuztabellen bezeichnet. Sie enthalten in der → Epidemiologie die absoluten oder relativen Häufigkeiten bestimmter Merkmalsausprägungen, die miteinander in Kombination auftreten. Aus der Tafel lassen sich die Häufigkeiten des gemeinsamen Auftretens von zwei Merkmalen *(Kontingenz)* entnehmen. Ergänzt werden diese Häufigkeiten durch Randsummen.

Wanderungssaldo
Als *Wanderungssaldo* bezeichnet man die Differenz zwischen Zu- und Abwanderung in einem bestimmten Gebiet während eines bestimmten Zeitraums.

World Health Organization (WHO)
Die 1948 gegründete *Weltgesundheitsorganisation* ist eine Sonderorganisation der *Vereinten Nationen* (UN). Als Koordinationsbehörde für das internationale öffentliche Gesundheitswesen unterstützt sie Entwicklungsländer beim Aufbau von Gesundheitssystemen und koordiniert nationale und internationale Aktivitäten, wie z. B. globale Impfprogramme und Programme gegen übertragbare Krankheiten, Rauchen oder Übergewicht. Ein weiterer Schwerpunkt ist die weltweite Erhebung und Analyse von Gesundheits- und Krankheitsdaten.

95 %-Vertrauensintervall
Das *95%-Vertrauensintervall* (VI, *Konfidenz-Intervall*) gibt in der Statistik die Zuverlässigkeit (Präzision) der Lageschätzung eines Parameters – wie z. B. eines Mittelwertes – an. Es ist der Bereich, der dann, wenn ein Zufallsexperiment unendlich häufig wiederholt wird, mit einer bestimmten Häufigkeit (hier: dem *Konfidenzniveau* von 95 %) die wahre Lage des Parameters einschließt.

10 Literaturhinweise

10.1 Bücher und Zeitschriftenbeiträge

Egger, M., Razum, O., (Hrsg.) (2014). Public Health – Sozial- und Präventivmedizin kompakt (2. Aufl.). Berlin, Boston: De Gruyter.

Geyer, S., (2003). Forschungsmethoden in den Gesundheitswissenschaften. Eine Einführung in die empirischen Grundlagen. Weinheim, München: Juventa.

Habermann-Horstmeier, L., (2017). Gesundheitsförderung und Prävention. Bern: Hogrefe.

Habermann-Horstmeier, L., (2017). Risikofaktor „Stress". Bern: Hogrefe.

Hurrelmann, K., Razum, O., (Hrsg.) (2012). Handbuch der Gesundheitswissenschaften (5. Aufl.). Weinheim, München: Beltz Juventa.

Naidoo, J., Wills, J., (2010). Lehrbuch der Gesundheitsförderung (2. Aufl.). Herausgegeben von der Bundeszentrale für gesundheitliche Aufklärung Köln. Gamburg: Verlag f. Gesundheitsförderung.

Razum, O., Breckenkamp, J., Brzoska, P., (2011). Epidemiologie für Dummies (2. Aufl.). Weinheim: Wiley-VCH Verlag.

Ruckstuhl, B., (2011). Gesundheitsförderung. Entwicklungsgeschichte einer neuen Public-Health-Perspektive. Weinheim, München: Juventa.

Rumsey, S., (2015). Statistik für Dummies (3. Aufl.). Weinheim: Wiley-VCH Verlag.

Schott, T., Hornberg, C., (Hrsg.) (2011). Die Gesellschaft und ihre Gesundheit. 20 Jahre Public Health in Deutschland; Bilanz und Ausblick einer Wissenschaft. Berlin: Springer.

Schwartz, F.W., (Hrsg.) (2012). Public Health: Gesundheit und Gesundheitswesen (3. Aufl.). München: Urban & Fischer.

Winslow, C.-E.A., (1920). The unfilled field of public health. Science 51 (1306), 23–33. Zitiert nach: Schneider, M.-J., (1999): Introduction to Public Health. Sudbury: Jones and Bartlett.

10.2 Links

Bundesamt für Gesundheit (BAG). Gesundheit2020. Die gesundheitspolitischen Prioritäten des Bundesrates, Bern: BAG, 23. Januar 2013; http://www.bag.admin.ch/gesundheit2020/index.html?lang=de (Zugriff 20.06.2016).

Bundesanstalt für Arbeitsschutz und Arbeitsmedizin (BAUA). Berufskrankheiten: Sicherheit und Gesundheit bei der Arbeit; http://www.baua.de/de/Informationen-fuer-die-Praxis/Statistiken/Berufskrankheiten/Berufskrankheiten.html (Zugriff 20.06.2016).

Bundesministerium für Gesundheit (BMG). Gesundheitsförderung und Prävention: Gesundheitsförderung und Prävention für ältere Menschen; http://www.bmg.bund.de/praevention/frueherkennung-und-vorsorge/aeltere-menschen.html (Zugriff 20.06.2016).

Bundesministerium für Gesundheit. Rahmengesundheitsziele. Richtungsweisende Vorschläge für ein gesünderes Österreich. Wien: Bundesministerium für Gesundheit, Mai 2012; http://www.gesundheitsziele-oesterreich.at/wp-content/uploads/2014/10/Rahmengesundheitsziele_langfassung_gesamt.pdf (Zugriff 20.06.2016).

Bundeszentrale für gesundheitliche Aufklärung (BZgA). Themenschwerpunkte und Arbeitsbereiche; http://www.bzga.de/themenschwerpunkte/ (Zugriff 20.06.2016).

Bundeszentrale für gesundheitliche Aufklärung. Kampagne „Alkohol? Kenn dein Limit.“; Youtube-Videos; https://www.youtube.com/channel/UChd3Yr0ait1YGd0zOQD6h0Q (Zugriff 20.06.2016).

Deutsche Gesellschaft für Arbeitsmedizin und Umweltmedizin e.V. Leitlinien; http://www.dgaum.de/leitlinien-qualitaetssicherung/ (Zugriff 20.06.2016).

Deutsche Gesellschaft für Public Health e.V. Situation und Perspektiven von Public Health in Deutschland – Forschung und Lehre; http://www.deutsche-gesellschaft-public-health.de/fileadmin/user_upload/_temp_/DGPH_-_Public_Health_in_Deutschland.pdf (Zugriff 20.06.2016).

Fonds Gesundes Österreich; http://www.fgoe.org/ (Zugriff 20.06.2016).

Gesundheit Österreich GmbH; http://www.goeg.at/ (Zugriff 20.06.2016).

gesundheitsziele.de (Forum Gesundheitsziele Deutschland). Nationale Gesundheitsziele; http://www.gesundheitsziele.de/cgi-bin/render.cgi?__cms_page=nationale_gz (Zugriff 20.06.2016).

Robert Koch-Institut/Statistisches Bundesamt. Gesundheitsberichterstattung des Bundes: Heft 38. Arbeitsunfälle und Berufskrankheiten; http://edoc.rki.de/documents/rki_fv/ren4T3cctjHcA/PDF/253bKE5YVJxo_32.pdf (Zugriff 20.06.2016).

Schweizerische Gesellschaft für Prävention und Gesundheitswesen (SGPG). Gesundheitsziele für die Schweiz. 2002; http://www.gesundheitsfoerderung-zh.ch/fileadmin/user_upload/publikationen/Gesundheitsziele_CH_Liste.pdf (Zugriff 20.06.2016).

Deutsche Gesellschaft für Public Health e.V. (DGPH); http://www.deutsche-gesellschaft-public-health.de/informationen/public-health/ (Zugriff 20.06.2016).

World Health Organization (WHO). Global Strategy on Diet, Physical Activity and Health; http://www.who.int/dietphysicalactivity/en/index.html (Zugriff 20.06.2016).

World Health Organization (WHO). Obesity; http://www.who.int/topics/obesity/en/ (Zugriff 20.06.2016).

World Health Organization (WHO). Public Health; http://www.who.int/trade/glossary/story076/en/ (Zugriff 20.06.2016).

11 Linkverzeichnis

[1] http://www.who.int/trade/glossary/story076/en/ (Zugriff: 17.06.2016)

[2] http://www.victorianlondon.org/publications/sanpic.gif (Zugriff: 17.06.2016)

[3] http://www.aim25.ac.uk/partner_images/fullsize/20/L0025668.JPG (Zugriff: 17.06.2016)

[4] http://docs.fdrlibrary.marist.edu/images/photodb/27-0816a.gif (Zugriff: 17.06.2016)

[5] https://en.wikipedia.org/wiki/File:Salk_headlines.jpg (Zugriff: 17.06.2016)

[6] http://www.weissensee-verlag.de/autoren/Saretzki/saretzki_kurz.pdf (Zugriff: 17.06.2016)

[7] http://germanhistorydocs.ghi-dc.org/images/highres_30009704%20 copy1.jpg (Zugriff: 20.01.2016)

[8] http://www.unaids.org/en/media/unaids/contentassets/documents/ unaidspublication/2011/JC2216_WorldAIDSday_report_2011_en.pdf (Zugriff: 17.06.2016)

[9] http://www.dahw.de/media/image/5208.tuberkulose_Praevalenz_2007. jpg (Zugriff 17.06.2016)

[10] http://www.dahw.de/lepra-tuberkulose-buruli/tuberkulose/ 2-epidemiologie (Zugriff 17.06.2016]

[11] http://stop-tb.de (Zugriff 17.06.2016)

[12] http://www.dgsmp.de (Zugriff 17.06.2016)

[13] http://www.baua.de/de/Informationen-fuer-die-Praxis/Statistiken/ Berufskrankheiten/Berufskrankheiten.html (Zugriff 17.06.2016)

[14] http://www.baua.de (Zugriff 17.06.2016)

[15] http://www.dgaum.de/startseite/ (Zugriff 17.06.2016)

[16] http://www.who.int/mental_health/management/en/GcaeBroEn.pdf (Zugriff 17.06.2016)

[17] http://www.euro.who.int/__data/assets/pdf_file/0003/236280/ EpiData9-2013.pdf?ua=1 (Zugriff 17.06.2016)

[18] http://www.who.int/tobacco/mpower/publications/mpower_2013.pdf (Zugriff 17.06.2016)

[19] http://www.euro.who.int/__data/assets/pdf_file/0010/74746/E90711.pdf (Zugriff 17.06.2016)

[20] http://www.gesundheitsziele.de/cgi-bin/render.cgi?__cms_page= was_sind_gz (Zugriff 17.06.2016)

[21] http://international.gvg.org/ (Zugriff 17.06.2016)

[22] http://www.gesundheitsziele.de/cgi-bin/render.cgi?__cms_page=nationale_gz/gesund_aelter (Zugriff 17.06.2016)
[23] http://www.gesundheitsziele.de/ (Zugriff 17.06.2016)
[24] http://www.kenn-dein-limit.info (Zugriff 17.06.2016)
[25] http://www.kenn-dein-limit.de/ (Zugriff 17.06.2016)
[26] http://www.gesundheitsfoerderung-zh.ch/fileadmin/user_upload/publikationen/Gesundheitsziele_CH_Liste.pdf (Zugriff 20.06.2016)
[27] http://www.bag.admin.ch/gesundheit2020/index.html?lang=de (Zugriff 20.06.2016)
[28] http://www.gesundheitsziele-oesterreich.at/wp-content/uploads/2014/10/Rahmengesundheitsziele_langfassung_gesamt.pdf (Zugriff 20.06.2016)
[29] https://www.destatis.de/DE/ZahlenFakten/ImFokus/Bevoelkerung/KinderreicheFamilien.html (Zugriff 20.06.2016)
[30] http://www.rki.de/DE/Content/Infekt/EpidBull/Merkblaetter/Ratgeber_Masern.html (Zugriff 20.06.2016)
[31] http://edoc.rki.de/oa/articles/reOZq3ixOGRrQ/PDF/228PlqRb1pJAU.pdf (Zugriff 20.06.2016)
[32] http://www.bmg.bund.de/ministerium/meldungen/2015/praeventions gesetz.html (Zugriff 20.06.2016)
[33] http://www.goeg.at/ (Zugriff 20.06.2016)
[34] http://www.ncbi.nlm.nih.gov/pubmed (Zugriff 20.06.2016)
[35] http://www.degruyter.com/view/supplement/9783110300970_Ressourcenverzeichnis.pdf
[36] http://www.zu-fuss-zur-schule.de/ (Zugriff 22.06.2016)
[37] http://www.deutsche-verkehrswacht.de/home/dvw-projekte/kinder.html (Zugriff 22.06.2016)
[38] http://www.spiegel.de/gesundheit/ernaehrung/leitungswasser-wie-gefaehrlich-sind-bleirohre-a-1001044.html (Zugriff 22.06.2016)
[39] http://www.zeit.de/wissen/umwelt/2016-01/plastik-umweltverschmut zung-meer-studie-weltwirtschaftsforum (Zugriff 22.06.2016)
[40] http://www.faz.net/aktuell/wissen/medizin-ernaehrung/droht-west afrika-nun-auch-noch-eine-masernepidemie-13482798.html (Zugriff 22.06.2016)
[41] http://www.faz.net/aktuell/politik/ausland/frankreichs-impflicht-verfas sungsmaessig-laut-verfassungsrat-13495547.html (Zugriff 22.06.2016)
[42] http://www.zeit.de/gesellschaft/zeitgeschehen/2013-10/hebammen-geburtshilfe-politik (Zugriff 22.06.2016)
[43] http://www.ncbi.nlm.nih.gov/pubmed/27297804 (Zugriff 22.06.2016)
[44] http://www.ncbi.nlm.nih.gov/pubmed/27286760 (Zugriff 22.06.2016)
[45] http://www.ncbi.nlm.nih.gov/pubmed/27279474 (Zugriff 22.06.2016)
[46] http://www.ncbi.nlm.nih.gov/pubmed/27246149 (Zugriff 22.06.2016)
[47] http://www.ncbi.nlm.nih.gov/pubmed/27236813 (Zugriff 22.06.2016)
[48] http://www.ncbi.nlm.nih.gov/pubmed/27230727 (Zugriff 22.06.2016)

[49] http://www.ncbi.nlm.nih.gov/pubmed/27006990 (Zugriff 22.06.2016)
[50] http://www.ncbi.nlm.nih.gov/pubmed/26929841 (Zugriff 22.06.2016)
[51] http://www.ncbi.nlm.nih.gov/pubmed/26769894 (Zugriff 22.06.2016)
[52] http://www.ncbi.nlm.nih.gov/pubmed/26307565 (Zugriff 22.06.2016)
[53] http://www.ncbi.nlm.nih.gov/pubmed/26305609 (Zugriff 22.06.2016)
[54] http://www.bamf.de/DE/Willkommen/GesundheitVorsorge/gesundheitvorsorge-node.html (Zugriff 22.06.2016)
[55] http://www.bmg.bund.de/ministerium/meldungen/2016/160115-ratgeber-gesundheit-fuer-asylsuchende-in-deutschland-veroeffentlicht.html (Zugriff 22.06.2016)
[56] http://www.migesplus.ch/ (Zugriff 22.06.2016)
[57] http://www.bag.admin.ch/themen/gesundheitspolitik/07685/index.html?lang=de (Zugriff 22.06.2016)
[58] http://www.bmg.gv.at/home/Startseite/aktuelle_Meldungen/Haeufig_gestellte_Fragen_zu_Fluechtlingsbewegung_und_Gesundheit (Zugriff 22.06.2016)

12 Abkürzungsverzeichnis

AIDS	Acquired Immune Deficiency Syndrome; erworbenes Immundefektsyndrom
AR	Attributables Risiko
BAG	Bundesamt für Gesundheit (Bern, Schweiz)
BZgA	Bundeszentrale für gesundheitliche Aufklärung
BRD	Bundesrepublik Deutschland
CDU/CSU	Christlich Demokratische Union/Christlich Soziale Union (deutsche Parteien)
DAEM	Deutsche Akademie für Ernährungsmedizin
DDR	Deutsche Demokratische Republik
DGAUM	Deutsche Gesellschaft für Arbeitsmedizin und Umweltmedizin
DGSMP	Deutsche Gesellschaft für Sozialmedizin und Prävention
DGEM	Deutsche Gesellschaft für Ernährungsmedizin
d.h.	das heißt
DESTATIS	Statistisches Bundesamt
Dr. med.	Doktor der Medizin
DSWD	Du seisch wo düre; Gesundheitsförderungsprojekt der Stadt Bern
engl.	englisch
etc.	et cetera, und so weiter
EU	Europäische Union
FGÖ	Fonds Gesundes Österreich
ggf.	gegebenenfalls
HiAP	Health in All Policies
HIV	Humanes Immundefizienz-Virus
i.d.R.	in der Regel
Jh.	Jahrhundert
Kap.	Kapitel
Kita	Kindertagesstätte
max.	maximal
MPH	Master of Public Health
MPOWER	Abkürzung für Maßnahmen zur Eindämmung des Tabakgebrauchs
NCD	Noncommunicable Diseases; nicht übertragbare Erkrankungen
NGO	Nichtregierungsorganisation, Non-governmental organization
NS	Nationalsozialismus
ÖGD	Öffentlicher Gesundheitsdienst

PYLL	Potential Years of Life Lost; potenziell verlorene Lebensjahre
PrävG	Präventionsgesetz
Pr.LRG	Preußischer Landgerichtsrat
RKI	Robert Koch-Institut
RR	Relatives Risiko
s.	siehe
s.u.	siehe unten
SGPG	Schweizerische Gesellschaft für Prävention und Gesundheitswesen
SHB	Steinbeis-Hochschule Berlin
SPD	Sozialdemokratische Partei Deutschlands
TIP	Ratgeber für maßgenschneiderte nationale Impfprogramme der WHO
u.a.	unter anderem
UN	United Nations
usw.	und so weiter
v.a.	vor allem
VIPH	Villingen Institute of Public Health
vgl.	vergleiche
WHO	World Health Organization
z.B.	zum Beispiel
♀	Frauen
♂	Männer

Stichwortverzeichnis

Kurzvita

Lotte Habermann-Horstmeier

Public Health
Gegenstand, Fachbereiche, Handlungsfelder

Die Autorin
Dr. med. Lotte Habermann-Horstmeier, MPH
Leiterin des Villingen Institute of Public Health (VIPH) der Steinbeis Hochschule Berlin (SHB)
Studium der *Humanmedizin* an der Philipps-Universität Marburg. Dort Promotion zum Dr. med. im Bereich Neurophysiologie. Ernährungsmedizinerin DAEM/DGEM. Master-Studium *Public Health* an den Universitäten Basel, Bern und Zürich (Schweiz).

E-Mail: Habermann-Horstmeier@studium-public-health.de